汽车
美容与装饰
快速入门

程国元　魏金营　主编　◀◀◀

　化学工业出版社

·北京·

本书系统地介绍了汽车美容装饰的基本理论知识和实际操作方法，主要内容包括：汽车美容基本知识、汽车车身常规美容、汽车车身漆面专业处理、汽车室内清洁与装饰、汽车防护装饰、汽车车身外部装饰。本书针对初学入门者的特点，避免大量的理论和文字，采用了大量图片和实施流程图，内容通俗易懂，可以有效增强实际操作能力，并且有操作示范，便于读者参照学习。

本书可供汽车美容装饰从业人员、相关工程技术人员和私家车主学习参考，也可作为职业院校汽车专业的教学用书和培训用书。

图书在版编目（CIP）数据

汽车美容与装饰快速入门/程国元，魏金营主编. —北京：化学工业出版社，2018.11
ISBN 978-7-122-33046-8

Ⅰ.①汽… Ⅱ.①程… ②魏… Ⅲ.①汽车-车辆保养 Ⅳ.①U472

中国版本图书馆 CIP 数据核字（2018）第 213919 号

责任编辑：韩庆利　　　　　　　　　　文字编辑：张绪瑞
责任校对：王素芹　　　　　　　　　　装帧设计：刘丽华

出版发行：化学工业出版社（北京市东城区青年湖南街 13 号　邮政编码 100011）
印　　装：北京新华印刷有限公司
850mm×1168mm　1/32　印张 7½　字数 186 千字
2019 年 1 月北京第 1 版第 1 次印刷

购书咨询：010-64518888　　售后服务：010-64518899
网　　址：http://www.cip.com.cn
凡购买本书，如有缺损质量问题，本社销售中心负责调换。

定　　价：45.00 元

前言
FOREWORD

随着我国经济的迅速发展，中国汽车工业进入了一个飞速发展的阶段，汽车已成为重要的交通工具。同时汽车业的洗车、美容、护理、维修行业及相关配套的服务性行业，也得到了迅速的发展。我国汽车正在走向大众化和家庭化，面对挑战与发展机遇，汽车美容已经逐步向普及化和专业化方向发展。随之而来的是巨大的汽车售后服务，可以预见，汽车美容与装饰行业必将日益壮大并形成规模。

《汽车美容与装饰快速入门》结合我国现有汽车美容市场现状，并根据职业岗位群需要的基本专业知识、基本技能和基本素质的要求，着重对汽车美容工艺内容、工艺规程及相关养护产品的运用进行介绍，注重实用性和可操作性，力求贴近市场，能解决实际问题。本书针对初学入门者的特点，避免大量的理论和文字，采用了大量图片和实施流程图，内容通俗易懂，可以有效增强实际操作能力。本书特点如下：

（1）本书在编写过程中，按照工作过程导向及实施流程的思路编写，较好地满足了当前各初学入门的需求。

（2）本书在编写过程中，在内容的安排上遵照循序渐进的原则，文字和图片在分量上更加均衡，充分增强了培训者学习的主观能动性。

（3）本书在编写过程中，紧密结合汽车技术发展方向，对最新技术进行了更新。

（4）本书在编写过程中，参考了大量汽车品牌的售后服务培训资料，内容、形式和体例都有创新，真正实现了与企业需求之间的并轨。

本书内容翔实，图文并茂，叙述深入浅出，可读性强，特别适合于汽车美容装饰从业人员、相关工程技术人员和私家车主学习参考，也可作为职业院校汽车专业的教学用书。

本书由程国元、魏金营担任主编，参加编写的还有储骏、杨光明、潘明明、江滔、徐峰、杨小波、周宁、姚东伟、潘旺林、卢小虎、陈忠民。在本书编写过程中，得到不少汽车维修同行，特别是一些知名专家的大力支持和帮助，在此特向他们表示诚挚的谢意！

由于编者水平有限，书中难免有不足及欠妥之处，诚望读者批评指正。

编　者

目录
CONTENTS

第一章

汽车美容基本知识

汽车美容是指针对汽车各部位不同材质所需的保养条件采用不同性质的汽车美容护理用品及施工工艺，通过先进的设备和数百种用品，经过几十道工序，从车身、车室（地毯、皮革、丝绒、仪表、音响、顶棚、冷热风口、排挡区等进行高压洗尘吸尘上光）、发动机（免拆清洗）、钢圈轮胎、底盘、保险杠、油电路等作整车处理，对汽车进行全新的保养护理，使旧车变成新车并保持长久，且对较深划痕进行特殊快速修复。这些产品采用高科技手段及优等化工原料制成，它不仅能使汽车焕然一新，更能让旧汽车全面彻底翻新，并长久保持艳丽的光彩。

汽车美容不仅是通过各种护理和维护工艺，让汽车看起来靓丽、整洁和卫生，而且起到保养维护汽车涂装、外饰件、内饰件的性能，防止老化和延长使用寿命的作用。汽车美容既可以通过车主自助美容，也可以通过专业部门做作业美容，汽车美容内容和工艺有很大的区别，作用也不尽相同。

一、汽车美容概述

（一）汽车美容的定义

由于汽车工业的发展，社会消费时尚的流行，以及人们对事物猎奇、追求新异思想的影响，新车款式更新换代速度非常快，追新族们为得到新车而不愿让旧车贬值，因而在汽车消费与二手汽车市场之间，汽车美容装饰业也就应运而生。换句话说，汽车美容是工业经济高速发展、消费观念进步以及汽车文化日益深入人心的必然产物。随着社会进步及人类文明程度的不断提高，汽车正以大众化消费品的姿态进入百姓生活，因而汽车的款式、性能以及汽车的整洁程度，无一不体现出车主的性格、修养、生活观及喜好。所以，许多人想让自己的"座驾"看起来干净漂亮，用起来风光舒适。围绕这一目的进行的一系列工作，就是许多人眼里笼统意义的"汽车美容。"

（二）汽车美容的作用

就如人们护理皮肤一样，皮肤得不到爱护就会变得粗糙，失去弹性和光泽，就会未老先衰，汽车的美容保养也是一样。通常车身表面、底盘、室内会受到以下多方面的侵害。

（1）紫外线对汽车漆面侵害。阳光中含有强烈的紫外线，汽车油漆经过长期的阳光照射，漆层内部的油分会大量损失，漆面日益变得干燥，会出现失光、异色斑点，甚至龟裂。

（2）雨水、雪水对漆面、底盘的侵害。由于工业污染，使雨水中二氧化硫、二氧化碳、盐分及其他物质的含量越来越多而形成酸雨，造成对漆面的持续侵害。

（3）其他因素对车漆的损害。汽车在运行过程中也会受到外界的伤害，如车漆被硬物等划伤的擦伤、鸟粪和飞漆等黏附于漆面而形成的侵害。

以上种种原因造成的车体伤害，如果不进行定期的专业汽车美容护理，长期积累，恶性循环，不仅仅影响车的美观，更重要的是影响到车和人的安全。

现代的汽车美容，不仅仅是简单的洗车、打蜡等常规美容护理，它还包括利用专业美容系列产品和高科技设备，采用特殊的工艺和方法进行全车漆面美容和修复、底盘防护处理和发动机等系统免拆清洗等一系列养护技术，能使车貌始终如新。汽车美容中心如图 1-1 所示。

图 1-1　汽车美容中心

国外对汽车美容的功能界定为三层：

最基本的一层是自理性保养。诸如汽车打蜡，汽车清洗。一般国外车主对汽车的熟悉程度普遍较高，车辆最简单的保养基本都是自己完成。一方面车蜡、清洁剂等普通养护用品随处可购，简单方便，另一方面洗车在一定程度上是车主很好的周末健身选择，爱车心理和趣味性体现得十分明显。

第二层是浅性服务。诸如太阳膜等的粘贴、加装大包围（图 1-2）、防盗装置等的安装、桃木内饰（如图 1-3）的改装、漆面划痕处理、抛光翻新等一些主要汽车美容项目，则需要依赖快修店。这种快修店一般只进行车辆内外的装备设施保养，而不涉及发动机等车辆中心结构的护理工作。

第三层是专业服务。这是技术含量较高的服务种类，属于美容施工深度处理，也是整个汽车美容业最深入的层次。

（三）汽车美容的原则

（1）取稳避灾。做不好还可重做，千万不要做坏了。急于求成是大多数人最容易犯的毛病，除非对汽车美容护理的操作程序

图 1-2　加装大包围

图 1-3　汽车桃木内饰

十分熟练，对护理产品的性能十分了解，对汽车的内外装饰构造十分精通，急躁是造成事故的主要原因。汽车美容护理中出现的事故都是很严重的，因为汽车本身的价值高，如果在给车做研磨时把车漆磨透了，这辆车就必须重新喷漆。所以在实际操作中遇到困难时，一定要不耻下问，寻求稳妥的解决方法，谨慎操作（取稳），才能避免事故发生（避灾）。

　　（2）取轻避重（能用轻的就不用重的）。怎样才能做到取轻避重呢？最关键的是产品的选择，能用柔和型的产品就不用强力的，能用稀释的就不用浓缩的。在使用专用设备实际作业时，能用低速的就不用高速的；能用劲小时就不要用大力；只要能把活干好，轻的永远比重的强。

（3）取专业避零售。既然轻的比重的强，就应从轻的试起，但怎么区分呢？专业人员不应从产品的名称上去理解产品，而应从产品的特性上去理解，例如：丝绒清洗剂和发动机清洗剂对普通消费者来说是两种完全不同的产品。但对专业人员来说，它们都是用来去油的，发动机清洗剂的去油性强，因为发动机通常比丝绒部分要脏。了解这一点，专业人员也可用丝绒清洁剂来清洗不太油的发动机。在所有的内饰清洁中由于其材质的不同，其清洗的力度也有轻有重。丝绒最娇气，宜使用柔和型的清洗剂，化纤其次，地毯清洗剂是最强的。遵循前两条专业美容护理的原则——"取稳避灾、取轻避重"，在清洗内饰时，就可以用丝绒清洗剂来清洗整个内饰，包括化纤、地毯等。如果都干净了，也就没必要使用强力的，如果使用柔和型的做不了，再换强力的。这一原则在洗车、打蜡、抛光等工序中同样适用。

（4）取精细避粗糙。专业美容是细活儿，仅次于艺术品的制作。边边角角的地方特别注意不能遗漏，一个小小的污点就有可能破坏整个形象，精益求精是专业汽车美容护理争取回头客的法宝。

（四）汽车美容服务项目

现代汽车美容是在继承传统汽车美容的基础上，完善和发展起来的高技术汽车护理。它依托于传统美容，但在新材料、新技术等领域又让传统汽车美容黯然失色、望尘莫及。您想领略一下现代汽车美容的风采吗？那好，就让我们从现代汽车美容的真正内涵开始。

现代汽车美容服务大体上可分为车身美容、内饰美容、漆面处理、汽车防护及汽车精品五大部分。因此，汽车美容的具体服务项目概括为以下5项。

（1）车身美容。车身美容服务项目包括高压洗车，去除沥青、焦油等污物，上蜡增艳与镜面处理，新车开蜡，钢圈、轮胎、保险杠翻新与底盘防腐涂胶处理等。

（2）内饰美容。内饰美容服务项目可分为车室美容、发动机美容及行李箱清洁等项目。其中车室美容包括仪表台、顶棚、地毯、脚垫、座椅、坐套、车门内饰的吸尘清洁保护，以及蒸汽杀菌、冷暖风口除臭、室内空气净化等项目。发动机美容包括发动机冲洗清洁、喷上光保护剂、做翻新处理、三滤清洁等项目。

（3）漆面处理。漆面处理服务项目可分为氧化膜、飞漆、酸雨处理，漆面深浅划痕处理，漆面部分板面破损处理及整车喷漆。

（4）汽车防护。汽车防护服务项目包括贴防爆太阳膜，安装防盗器、静电放电器、汽车语音报警装置等。

（5）汽车精品。作为汽车美容服务的延伸项目，汽车精品能满足司机及乘员对汽车内部附属装饰、便捷服务的需求，如车用香水、蜡掸、剃须刀、护目镜、脚垫、坐垫、坐套、把套等的配置，能使汽车美容服务贴身贴心，宾至如归。

二、专业汽车美容

一些发达国家的汽车美容发展至今已有近百年的历史。由于我国汽车普及率较低，汽车美容产业起步较晚，故许多消费者将汽车美容简单理解为：洗车—打蜡—交车。洗车时所用洗涤剂多数是洗衣粉、肥皂和洗涤精等通用型的洗涤产品而非专用型的。此类产品的 pH 一般在 10.3～10.9 之间（图 1-4），而汽车油漆耐酸、碱的承受力的 pH 在 8.0 以下。洗衣粉和肥皂水虽然能分解油垢，但会破坏蜡分子的存在，使漆膜氧化失去光泽（图 1-5），加速密封胶条的老化、油漆脱落、金属腐蚀以致穿洞等。因此使用 pH 为 8.0 以上的清洁剂，虽然洗去了车表面的灰尘，却对漆面造成了损害，若长期使用可能会使车漆失去光泽，出现哑色、干裂、生锈，因此不能选用碱性洗车液洗车。打蜡时所用的蜡一般为硬质蜡，车体在上蜡 20 多个小时后才能进行抛光，在这20多个小时内，蜡膜会吸附大量的灰尘与沙粒，抛光时会划伤漆面，产生大量划痕，严重影响光泽度。由此可见，一般的洗车，名为护车，实则毁车。至于漆面的静电吸附、氧化发黑与丝痕累累，一般的洗车打蜡工作也是束手无策，就更谈不上对汽车其他部位的彻底清洁与养护了。

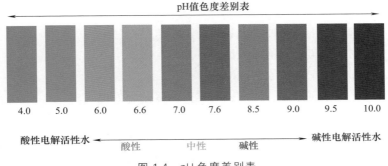

图 1-4　pH 色度差别表

图 1-5　漆面失光

专业汽车美容不仅包括汽车清洗、打蜡，还包括了汽车护理用品的选择与使用、汽车油漆护理（包括各类漆面缺陷的美容、汽车划痕修复等）和汽车整容及装饰等内容，是一个复杂的系统工程。

一般来说，专业汽车美容是通过先进的设备和数百种用品，经过几十道工序，从车身、车室（地毯、皮革、丝绒、仪表、音响、顶棚、冷热风口、排挡区等进行高压洗尘吸尘上光）、发动机（免拆清洗）、钢毂轮胎、底盘、保险杠、油电路等做整车处理，使旧车变成新车并保持长久，且对较深划痕可进行特殊快速修复。

（一）专业汽车美容操作工序

（1）全车外部冲洗大块泥沙。

（2）全车外部清洗去油污、静电。

（3）新车打蜡、深度清洗。

（4）漆面焦油、沥青、鸟类粪便等杂物处理。

（5）玻璃抛光增量翻新。

（6）玻璃清洁、防雾处理、加装防冻清洁。

（7）发动机表面清洁、翻新、电路处理。

（8）全车的除锈、防锈、防腐蚀处理。

（9）底盘清洁护理。

（10）漆面橘皮（图1-6）等特殊现象的处理。

（11）漆面一度抛光翻新、去除深度氧化层、轻划痕。

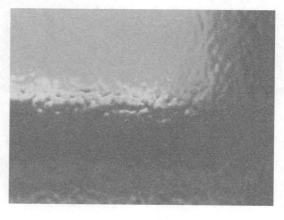

图1-6　橘皮现象

（12）漆面二度抛光翻新、去除太阳纹、斑点。

（13）漆面增艳养护处理。

（14）漆面超级上釉、镀膜处理。

（15）保险杠装饰清洁翻新。

（16）车裙、挡泥板去杂质清洁护理。

（17）全车灯光及左右倒车镜清洁抛光翻新。

（18）轮毂焦油、氧化层的去除，增光翻新。

（19）轮毂清洁增黑，上光护理。

（20）漆面深度划痕（图1-7），局部创伤快速修。

图1-7　漆面深度划痕

（21）车内饰的全面除尘处理。

（22）车内饰顶棚除污翻新。

（23）转向盘、仪表台清洁上光护理。

（24）置物区、烟灰缸、音响区清洁。

（25）冷气出风口清洁处理（图1-8）。

（26）全车电路系统清洁防潮、防老化护理。

（27）车门内侧的清洁翻新上光护理。

（28）真皮清洁、上光养护。

（29）车内丝绒表面的清洁、柔顺护理。

（30）行李箱除污清洁护理。

（31）车内饰去异味、杀菌处理。

图 1-8　空调出风口

（32）全车电光、镀铬表面去除氧化层抛光翻新。

（33）全车检查。

（二）美容护理效果

（1）漆面的翻新护理可使旧车达到艳丽的新车效果，并能长久保持，更具有防静电、防酸雨、防紫外线的功能。

（2）发动机的清洁翻新可使发动机形成光亮保护膜并长久保持。

（3）风窗玻璃的修复抛光能使玻璃变得清晰明亮完好如初。

（4）轮毂、轮胎增黑、清洁护理使汽车更具风格。

（5）室内、后备厢内部的清洁、整饰使室内更加清洁、温馨。

（6）漆面各种程度的划痕修复或补漆之后，可使汽车漆面完好如初。

（7）金属裸露部分的除锈、防锈处理可使其多年不生锈。

（8）发动机免拆清洗、定期内部养护可终身不大修。

三、自助汽车美容

在汽车的日常使用中，如果对它只用不养，容易加速汽车的磨损和老化。如果把它开进路边小棚，用破布、清水或高压水枪冲洗一番，表面上把车子洗得干干净净，其实是在对汽车实行破坏性清洗；如果把汽车开进专业美容店，虽然能护理周到，但费用太高。其实，最经济、最简捷的美容手段就是自己动手开展汽车自助美容。以下简单介绍几种自助汽车美容方案。

（一）高级护理方案

1. 特点

美容品全部采用纯天然材料制成，pH 值呈中性。通过日常护理，可起到抗氧化、防酸、抗紫外线照射、防老化等作用。

2. 选材

纯天然洗车液、纯天然车蜡和清洗上光保护剂套装、内饰保护剂。

3. 简要步骤

将纯天然洗车液根据产品浓度稀释、搅匀，用软毛巾或海绵擦洗车身，然后用无纺棉或软毛巾轻轻抛光。

将纯天然车蜡轻轻摇匀，用柔质布把蜡薄薄地涂在车体上，每次按半平方米涂擦，并擦除多余积蜡，再用干净布轻擦抛光。

根据车轮情况，取车轮清洗剂对车轮进行处理。大约 10min 后冲洗干净，用干净布擦干，再涂上上光保护剂。

用柔软毛巾或无纺布将真皮清洗剂均匀涂于皮革表面，然后用另一块干净布擦干，再将皮革在阳光下预热 10～15min。将摇匀的真皮上光保护剂用柔软毛巾或无纺布（图 1-9）均匀地擦在皮革件上，并立即用另一条柔软毛巾（或无纺布）抛光。然后将内饰保护剂喷于车内仪表台等物上，用无纺布擦拭干净。

（二）普通护理方案

1. 特点

利用特殊的高科技配方增光聚合物，润滑性能好，能有效无损害地洗去污渍，且使氧化严重的车漆经抛光后得到较好的修

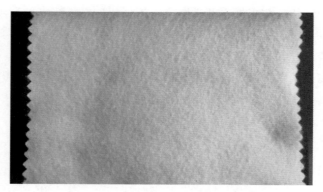

图 1-9　无纺布

复，并能对清洗的物件起到保护作用，防止紫外线破坏老化。

2. 选材

高科技洗车液（适用于各种车漆）、聚酯上光镀膜蜡、轮胎泡沫清洗剂、轮胎泡沫清洗剂、仪表台皮革上光保护剂。

3. 简要步骤

将高科技洗车液根据产品浓度稀释、搅匀，用软毛巾或海绵擦洗汽车，然后用无纺棉或软毛巾轻轻抛光。

将聚酯上光镀膜蜡轻轻摇匀，用柔质布把蜡薄薄地涂在车体上，每次按半平方米轻擦，并涂擦多余积蜡，稍后用干净布轻擦抛光。

根据车轮情况，用轮胎泡沫清洗剂对轮胎进行清洗，然后用干净布擦干，再涂上上光保护剂。

用柔软毛巾或无纺布将真皮清洗上光保护剂均匀涂于皮革表面，然后用另一块布擦干，再将皮革在阳光下预热 10～15min。将摇匀的上光保护剂用柔软毛巾（或无纺布）均匀地擦在皮革件上，并立即用另一条柔软毛巾（或无纺布）抛光。然后将仪表台上光保护剂喷于车内仪表台等物上，用无纺布擦拭干净。

（三）新车护理方案

1. 特点

配方较柔和，不伤原有车蜡，在新车表面形成致密的保护膜，能有效地防水、防酸碱及其他化学物质的腐蚀，为新车驶入变质环境提供理想的保护。

2. 选材

泡沫洗车上光剂、隐形车衣、透明保护剂。

3. 简要步骤

将泡沫洗车上光剂喷于车体，用海绵或软毛巾擦拭，然后用清水冲净。

用软布或海绵将摇匀的隐形车衣在车身上轻轻以圈状打匀，稍后用干净软布擦净。

将透明保护剂摇匀后喷于擦净的皮革、橡胶等表面，再用干净布擦净。

四、洗车规范操作步骤

规范的洗车步骤应该包括冲车、擦洗、冲洗和擦车等四个步骤。洗车时一般由两人（为了叙述方便，在此我们称为甲和乙）同时进行配合，这样不但速度快而且清洗的质量好。

1. 冲车

车辆在进入工作间之前，甲乙两人应主动走上前，一人在车前引导，另一人在车后跟随适时提醒车主打轮，转向。车辆停放平稳，车主离车之后，甲乙两人一左一右同时将脚垫撤出，然后甲用高压清洗机按上自而下的顺序冲去车身污物。整个过程当中始终由一个方向向另一边的斜下方冲洗，尽量避免正向或反冲洗，以免将泥沙冲回已经冲洗干净的部位。

冲车时不可忽视的部位是车身的下部及底部，因为大量的泥沙和污物一般都聚集在这些部位，如果稍有不慎就会遗留下泥沙等物质，在进行下面的工序——擦洗时就会划伤漆面。因此必须尽可能地冲洗掉车身下部及车底的大颗粒泥沙。

在甲冲车的同时，乙应用大纤维软毛刷刷洗脚垫。需要注意的是，如果脚垫不是丝绒材料而是橡胶制品，可先将脚垫放置一边而进入车内用半湿性小毛巾先擦洗内饰部件，待冲车工序结束后再刷洗，并晾晒于支架上。一般这个工序共需时间2～3min。冲车的质量标准为：车身通体用高压水枪打湿过而无遗漏，车漆表面无大颗粒泥沙或污物以确保以上步骤的顺利进行。

2. 擦洗

由乙配制并供应洗车液。如果不是使用可自动吸取洗车液的清洗机而是手工配制洗车液，乙应在上一工序即冲车结束之前就应配制好洗车液并准备好擦洗工具。然后甲均匀喷洒在车身表面。乙在甲将洗车液喷洒至一半左右时应停止供应洗车液，因为水管中遗留的洗车液足够喷洒剩余的后半部分车身，这时乙开始准备擦洗工具，喷洒好洗车液后甲乙两人各持大海绵一左一右呈"S"形按照从上到下的顺序擦洗车身。擦洗的质量标准为：无漏擦之处，车身面漆无划痕。

3. 冲洗

擦洗完毕之后，甲开始冲洗车身，顺序同冲车一样，但这时应以车顶、上部和中部为重点。因为冲车时已经将车身下部冲洗得比较干净并进行了一定的擦洗。这时的冲洗主要应为：冲洗中部以上的部位时向下流动的水基本能够将下部及底部冲洗干净，所以下部和底部一带而过即可。就在甲冲洗车身的同时乙进入车内用半湿性小毛巾擦洗车内饰部件。

需要说明的是，在整个洗车过程中乙是副手，主要是配合甲进行洗车工作的。所以无论是否干完手头的工作，都应在甲即将进行下一步之前停下来准备好需要的擦车工具，如半湿性大毛巾、麂皮等。冲洗的质量标准为：车体无泥沙，无污垢、无漏擦之处。

4. 擦车

甲乙两人各用一块半湿性大毛巾将整个车身从前至后先预擦一遍，进行一段时间以后，乙将毛巾拧干交给甲。待车身中部及下部大部分水分被吸干之后，乙顺甲的预擦之处用麂皮细擦一遍，要求擦干所留下的水痕。甲预擦完之后反过来顺着乙擦过之处用麂皮将棱角中残留的水分赶净，这样"一遍毛巾、两遍麂皮"之后车身应不留水痕而且十分干净。

乙用麂皮擦完一遍后，应取出两块毛巾一干一湿，用半湿性毛巾擦净车门边、发动机盖、行李箱边沿及油箱盖内侧的泥沙后，再用干毛巾擦干前面所留下的水痕。甲用麂皮擦完后，用吸尘器将车内的尘土（仪表板、座椅缝隙处及地毯）由上至下吸干净，倒掉烟灰缸内的烟灰及杂物，垫好脚垫。然后乙用半湿性毛巾和抛光巾擦拭玻璃，用半湿性毛巾擦干轮毂及汽车底部（擦内饰及玻璃的毛巾应与擦洗门边、车身底部及轮毂的毛巾分开使用）。最后，甲开始验车，验车时应特别注意检查洗车工序中容易遗漏的部位，如发动机盖边沿及内侧、车门边缘内侧、车门把手内侧、后备厢边沿内侧、油箱盖内侧、车身底部、轮胎及排气管等部件。在交车之前还应记住向车内喷洒些香水或空气清新剂，这样车主会感到更加满意。

验车标准为：外部饰件应无尘、无污垢、无水痕；玻璃光亮如新，无刮痕；内饰部件无灰尘，室内无异味，坐垫及脚垫摆放整齐有序。

第二章

汽车车身外部美容

车身美容护理是以增加车漆亮度，保持车漆光泽，保护车身而进行的一系列操作。主要包含：车身清洗、车身污物去除和车身打蜡。

第一节 汽车外部清洗

汽车美容最基本的一项内容就是洗车，通过洗车，除去汽车外面的灰尘、泥垢、雨渍、树液和鸟粪等，让汽车表面恢复亮泽，避免对车漆的覆盖、腐蚀和渗透等造成车漆褪色、氧化、失去光泽甚至脱落。正确理解洗车功能，科学选用洗车方案和工艺，是通过洗车对车漆最好的保护。

一、汽车外部清洗的作用及时机

（一）汽车外部清洗的作用

（1）车辆漆面的夏季清洗与保养。人靠衣装马靠鞍，外表是大家判断一切事物优劣的最直观要素。车辆也是如此，一辆光鲜亮丽的车子即使不是名牌，也能让人眼前一亮。当然众多车主之中，也不乏懒人，洗车全仰仗天降暴雨，几个月下来车漆表面

"刀枪不入"，轻微的刮蹭都难以突破车漆外层的"壁垒"。其实车漆和我们皮肤一样，需要定期的护理和保养，否则等到"皮开肉绽"的时候，就要付出更大的代价了。

护理皮肤之前要分清中性、干性和油性，漆面护理虽然不用如此分门别类，但也应该了解一下常见的车漆种类。

一般来说车漆可分为底漆、面漆和清漆三层，而面漆又可分为普通漆、金属漆和珠光漆几种。普通漆的主要成分为树脂、颜料和添加剂；金属漆多了铝粉，所以完成以后看上去亮；珠光漆是加入云母粒。云母是很薄的一片片的，具有反光性，也就有了色彩斑斓的效果。如果是金属漆加上清漆层，车漆看上去就很耀眼。

（2）车漆的日常护理。车漆是否能够常保光亮，日常护理最为重要。如果等到车漆表面出现了严重问题再去处理，无论是费用、时间都会大大增加。所以应该从每天身边的小事入手，把好车漆的养护关。

（3）雨后及时清洗车辆。雨水一般都会呈现酸性状态，下雨之后随着漆面雨水的蒸发，局部的酸性物质浓度会呈现上升趋势，如不尽快清洗车漆表面的雨水渍，时间久了就会损伤漆面。

（4）洗车注意温度。最好不要在烈日或高温下清洗车辆，一方面可能会使洗涤剂受到烘干而在车漆表面留下痕迹，另一方面漆面水珠擦拭不及时会形成微小透镜，导致漆面局部温度过高，造成烧伤。

（5）选择适当的洗涤剂。如果自己动手清洗车辆时，最好选择专用的洗涤剂，不要使用碱性较大的洗衣粉、肥皂水和洗涤灵等清洁剂，这样做会使漆面中的油脂被强制带走，加速车漆的老化。

（6）擦车有讲究。擦拭车辆时，一定要选择干净、柔软的海绵或专用擦车布，如麂皮之类的。切记在使用之前要确保其中没有混入沙粒或金属碎屑，否则会对车漆造成严重的伤害。不要使用干布、干海绵擦拭，这样会在车漆表面留下划痕。擦拭时还应该顺着水流的方向，由上至下轻轻擦洗，不要画圈或横向擦洗。另外，在专用擦车布使用完毕之后，应该将其投净、拧至半干状态，存放在密封的塑料罐内（一般购买时的包装盒即可），这样可以防止它们干裂、老化，延长使用寿命。

（7）树胶、鸟粪应及时清理。夏季树木繁茂，许多时候车主都需要将车停放在树荫之下，而不可避免地要遭受到树胶与鸟粪的袭击，对付这些污垢最重要的就是把握清洁时机。越早处理越轻松，只要正常清洗车辆就可以去除。如果时间过长，树胶或鸟粪硬化之后，都会给处理带来麻烦，这时简单洗车可能很难清除干净，应该先用温水冲洗污物，进而使用清水浸泡，待污物软化之后再行处理，以免造成漆面的损伤。如图 2-1 所示。

图 2-1　鸟粪粘在汽车上

（二）汽车外部清洗的时机

1. 依天气来判断

（1）连续天气较好时，首先用鸡毛掸子清除车身上的灰尘（图 2-2），再用湿毛巾擦拭前后玻璃及车窗与两旁的后视镜。一般先清除车顶，再清除前后挡风玻璃、左右车窗、车门，最后清除发动机盖及行李箱盖。如果一直为此种天气，大约一周做一次全车清洗工作即可。

（2）连续雨天时，要用清水先将全车喷洒，使车上的污物掉落。因为还会再下雨，接下来用湿布或湿毛巾擦拭全车所有的玻璃。但当放晴之后，就得全车清洗一番。

（3）忽晴忽雨时，如果遇到此种气候，就得常常清洗车身，虽然很累人，但为求车身清洁也是不得已。

图 2-2　鸡毛掸子

2. 依行驶的路况来判断

（1）行驶在工地或行经工地时，一般车子都会受工地的污泥扫溅（图 2-3），尤其是工地，地上的水泥容易溅起。如果车子被溅应及时使用大量清水清洗，以免附着久了伤及烤漆。

（2）行驶在海岸有露水或有雾区时，如驱车在海边垂钓过

图 2-3　污泥扫溅汽车

夜，因海水盐分重且又有露水，雾气湿重，倘若回来没有用清水彻底清洗一番，则易使车身钣金因盐分而遭受腐蚀。

（3）行驶在山区有露水或有雾区时（图 2-4），在此种情况下，只要在停车后，使用湿毛巾或湿布擦拭即可。

图 2-4　汽车行驶在雾区

3. 特殊情形

如停车在工地旁受工程所造成的水泥粉波及，或行驶中受工程单位粉刷天桥、路灯的油漆波及，或行驶中受道路维修工程的柏油所波及，或行驶中受前方载运污泥车所掉的污泥溅及，除应立即用大量清水清洗外，对油漆、柏油类的清洗还要在打蜡中进行。

二、汽车外部清洗常用清洁工具

汽车外部清洗常用清洁工具有以下几种。

图 2-5　洗车海绵

（一）海绵

海绵（图 2-5）的质地柔软、弹性好、吸水性强、有较好的藏土藏尘能力，有利于在洗车的过程中保护漆面，提高作业效率。清洗汽车时能使沙粒或尘土很容易深藏于海绵的气孔之内，这样可以避免因擦洗工具过硬或不能包容泥沙而给车身表面造成划痕。一般在使用时让海绵吸入适量已经配好的洗车液，可以清除车身漆面上附着力较强的污垢。

（二）毛巾

毛巾是汽车美容作业中最常用的工具之一。专业汽车美容场所需准备多块毛巾，包括小毛巾（图2-6）、大毛巾（图2-7）、湿毛巾、半湿毛巾和干毛巾等。大毛巾主要用于车身表面的手工清洗和擦拭；小毛巾主要用于擦洗车身凹槽、门边及内饰部件等处的污垢；湿毛巾、半湿毛巾和干毛巾在清洗、擦拭车窗玻璃时应结合使用。

图2-6　小毛巾

图2-7　大毛巾

（三）洗车手套

在洗车的过程中，使用长毛厚实的洗车手套（图2-8），微粒将被手套的长纤维吸裹入里层，不在漆面停留，这将大大减少车漆的损伤。

（四）空气清洁枪

空气清洁枪（图2-9）主要用于清洁汽车内饰件，也可以在清洗车身后将后视镜、车窗等处残余的水珠吹出清除。

图 2-8　洗车手套

图 2-9　空气清洁枪

（五）麂皮

麂皮（图 2-10）具有质地柔软、韧性及耐磨性好和防静电等特点，用麂皮擦拭的车身、车窗玻璃干燥迅速，不会留有水痕，也不像毛巾那样划伤车身并且留有绒毛，因此麂皮在洗车作业中使用广泛，主要用于擦干车身。但在洗车作业中宜先用毛巾和浴巾对车表擦干后，再用麂皮进一步擦干，以利于延长麂皮的使用寿命。另外，在选用麂皮时，尽可能选择较厚的，其皮质韧性好，耐磨性好。

（六）板刷

板刷（图 2-11）主要用于轮胎、挡泥板等处附着泥土污垢的清除，由于这些部位泥土附着较厚，不易洗干净，所以要在洗车时有针对性地进行刷洗。板刷选用鬃毛板刷最佳，鬃毛板刷不

图 2-10　麂皮

图 2-11　鬃毛板刷

但具有较好的韧性和耐磨性，还可以减轻刷洗作业对橡胶、塑料产生的磨损。另外，不提倡使用塑料纤维板刷。

三、汽车清洗常用冲洗方法及比较

（一）常用冲洗方法

1. 液流冲洗

清洗汽车、部件总成、零件以及上漆前表面脱脂和组装前清除零件上的工艺污垢（灰尘、刨屑、油膏等），都采用表面冲洗处理。

液流冲洗就是洗涤液对污垢表面起机械的、热的和理化的作用。液流的机械作用是指用液流冲击表面，此时，液流冲击区的污垢发生变形，从而由于法向应力和切向应力的作用导致污垢层的破坏和冲落。在液流沿表面流动时，洗涤液一面走一面将污垢粒子从清洗区带走。

提高洗涤液的温度能使污垢的强度降低，从而也提高了清洗效率。在洗涤剂液流的作用下，表面张力下降，由此降低了污垢对表面的吸附能力，也就加快了它们的乳化、分散和胶溶作用的理化过程。根据冲洗的用途和方法，三种作用方式（机械的、热的和理化的）可以同时采用。

2. 蒸汽冲洗

蒸汽冲洗法是指用温度为 $90\sim100℃$、压力为 $0.5\sim2MPa$ 的蒸汽流冲洗被清洗的表面。高温、大容量的洗涤液及液流冲击表面时产生的湍流运动，保证达到有效的清洗。这种方法可以彻底清洗尘埃及路上污泥的沉积物、润滑脂、润滑油及其分解物、残留覆盖层，同时也可清除被毒化合物玷污的表面。

蒸汽冲洗装置的效率取决于液流的能量。此能量表现为冲到被清洗表面上的液流压力及量，同时也取决于液流的温度和洗涤剂的活性。根据水的耗量，装置可以分为耗量为 $200\sim500L/h$ 的低压装置及耗量为 $500\sim1500L/h$ 的高压装置。

3. 高压冲洗

采用高压（100mm 水柱）热水冲洗表面的方法。这种方法比蒸汽冲洗的效率更高，它具有清洗质量高及成本低，同时仍然能保护漆层的特点。用高压冲洗表面的方法可以避免使用化学药品和试剂，因而能保护周围的环境。由于机械能量高度集中在液流中，所以不用化学药品和高温就能获得必需的效果。

高压清洗装置是由水泵和传动机构组成的泵组，全部机组安装在二轮或四轮车架的刚性梁上。为了取得高压液流，装置一般采用柱塞泵。装置用水一般可以采用自来水供应，有时也可以由水池或水塘供应。高压液流的清洗效率取决于清洗对象、清洗表面的特征、污垢的形式，同时也取决于液流的压力，供给液体的量和温度，以及液流的形状。现代的清洗装置备有各种专门的水加热、洗涤剂供给、防腐剂供给、液流压力调节和供液量调节等系统。备有自动控制和保护系统，同时还装备有各种不同形式液流的全套喷嘴。这些装置可以完成冷热水、加洗涤剂和不加洗涤剂、低压和高压各种作业。

（二）常用清洗方法比较

汽车车身油漆由于长期暴露于空气，风吹日晒，无论严冬还是酷暑，车身长期处于恶劣的环境之中，容易老化、氧化，产生裂纹、静电侵蚀，会慢慢失去光泽，变得越来越脆弱。所以，良好的洗车方法非常重要。

目前汽车车身清洗大致有：洗衣粉洗车，洗洁精洗车，洗车液洗车，水蜡洗车，免划痕洗车几种，以下做个简单的比较。

1. 洗衣粉洗车

洗衣粉由于比较强的碱性，其 pH 远远高于车漆所能承受。车漆适合的 pH 大致在 6.5～6.8，而洗衣粉的 pH 一般都超过10。另外，洗衣粉一般含有大量的无机盐，比如含大量的泡花碱、纯碱、元明粉等，这些无机盐往往不好溶解，在液体中呈颗粒存在，这些无机盐颗粒往往导致在清洗过程中伤害漆面，形成细小的划纹。

国内洗衣粉中的清洗成分一般为磺酸，磺酸长期作用于漆面，容易导致漆面发白，失去原来的光泽。

2. 洗洁精洗车

洗洁精的主要成分也以磺酸为主，一般洗洁精也是碱性产品。

某些洗洁精尽管也是中性的，然而长期使用会伤手，比如造成手脱皮等现象，所以使用洗衣粉和洗洁精洗车都是不合适的。

3. 洗车液洗车

洗车液的主要清洗成分都是天然植物提取的表面活性剂，这些都是国内洗发香波的主要成分，另外洗车液一般还添加有天然车蜡，天然驱除车体静电的成分。洗车液一般都是中性的，不会伤手，伤漆面。由于添加有天然蜡成分，可以赋予车身整洁光亮的形象，赋予漆面一定的弹性，普通小飞沙一般就不会划伤漆面了。某些车蜡还具有比较强的抗紫外线作用，这样紫外线一般就不会对漆面形成威胁了。

使用正规公司的洗车液是一种大众化的选择。

4. 水蜡洗车

水蜡洗车相对普通洗车液来说，更注重于对漆面的护理。由于水蜡洗车过程加大了蜡的数量和种类，车身车体显得更明亮和具有光泽。水蜡洗车所用的天然蜡有巴西棕榈蜡、蜂蜡、荷荷芭蜡等，当然有些水蜡还使用了具有抗紫外线的天然植物蜡比如意大利的太阳蜡等。水蜡洗车所用的表面活性剂一般为普通洗面奶的成分，比如天然植物醇的酯类等。

5. 免划痕洗车

免划痕洗车相对就很专业了，它依据车体本身及车体污垢的特点，提出了一个新颖的观点，既注重了车体卫生的概念，又从专业角度强调了车体的养护和防护。

免划痕洗车液完全采用了洗面奶的成分，还含有丰富的水蜡，专门驱除静电成分，需要特别指出的是，它使用了别的领域的科技成果，那就是泥沙悬浮的理念。

由于使用泥沙悬浮剂，泥沙就在不需要借助外力的条件下，自然脱落，真正实现无划痕洗车。

四、汽车外部清洗工艺规范流程

（一）一般洗车流程

（1）使用清水冲洗全车车身上所附着的污泥。先从车顶开始冲洗，使污物由上往下流出。

（2）冲完车顶后再冲前、后挡风玻璃上的污物，再冲左右两侧玻璃门窗。

（3）用水柱清洗车轮挡泥板内侧及凹缘处，并用手或布擦、挖凹缘内的积泥。

（4）使用水柱清洗减振器上的积泥。

（5）用刷子及清水清洗前、后保险杠上的污泥，包括清洗后保险杠下方裙角、保险杠下方的气坝等。

（6）用布或刷子或海绵清洗轮圈护盖上的污泥。

（7）用水柱彻底清洗前挡泥板上的污泥。

（8）清洗后挡泥板、后保险杠与车身之接缝。如果柱力量不足时，可用空气压缩机加压的高压水枪。

（9）清洗后视镜与车窗接合处。

（10）用高压水枪喷洗后视镜及后车窗。

（11）用高压水枪清洗车身底盘下各车轴、连杆污秽处。

（12）清洗车轮时务必清除胎纹沟内的小石子，以免损坏轮胎。

（13）用毛巾配合水柱从车顶开始擦洗。

（14）全车用毛巾与水柱擦洗完后，再用半湿性毛巾，由车顶、前挡风玻璃至后车窗擦干。

（15）擦干前发动机盖板，即完成全步骤。

（二）高压水枪洗车步骤

（1）先用高压清水将全车车身喷洗一次。这种方法并不能洗净车身，但可清除附在车身上的砂粒、污泥。

（2）用高压清水喷洗前挡风玻璃及通风口。

（3）用高压清水喷洗后车窗。

（4）用高压清水喷洗车窗。

（5）用高压清水喷洗车门、门饰及饰条。

（6）用高压清水喷洗底盘与门槛间缝隙。

（7）用高压清水喷洗门外饰板及饰条。

（8）用高压清水喷洗车轮顶部污泥。

（9）用高压清水喷洗前后保险杠及与车身接合的缝隙。

（10）用高压清水喷洗钢圈。

（11）用清水与毛巾从车顶开始再清洗一次。

（12）由车顶开始用半湿性毛巾擦干车身上的水痕，最后擦拭前发动机盖板。

（三）电动洗车步骤及注意事项

电动洗车分为半自动与全自动电动洗车两种。两者共同点为：驾驶员将待洗的汽车驶入洗车机的车道中，发动机熄火，拉起手制动，驾驶员可离开车内也可留在车内，紧闭车门、车窗。不同点为：半自动需要人工操作洗车上的功能按钮；全自动只需洗车场人员或驾驶员按下机器上的启动按钮即可全程功能操作。

1. 电动洗车步骤

（1）寻找汽车的污秽部分。

（2）做好洗车准备，开始准备清洗（分人工及机器清洗）。

（3）人工清洗完毕后，汽车进入洗车机的内部。

（4）洗车机开始喷水，喷完水后，滚刷开始运转。

（5）滚刷清洗车身后右侧、左侧及上侧。

（6）清洗完成后开始喷水蜡，洗车机将水蜡擦亮。

（7）最后将车风干，即完成一次洗车。

2. 注意事项

（1）驱车进入洗车道，要将汽车确实停放在洗车道中所设计的位置。

（2）无论是半自动还是全自动洗车机，除应将车门、车窗紧闭外，车内最好不要有人滞留（因为有些车的防渗水功能不良，容易在清洗过程中渗水进入车内，人员易溅湿）。

（3）在未开始清洗前，先告诉清洗场人员（当然清洗场人员有时也会告诉您），要不要加水蜡一起清洗。

（4）如果时间来不及打蜡或因价位问题，建议用水蜡一次清洗解决。但如无上述因素，千万不要一次解决，因为水蜡在清洗过程中同时也清洗了各处玻璃，晴天不觉得，一旦下雨因水蜡附着在玻璃上，尤其前挡风玻璃，在雨刷的作用下会造成视线模糊。

（5）营业性质的自动洗车场，其收费方式有很多种，大致可分为大车或小车的不同收费标准；车身的洗车或车身加室内的清洗；车身水蜡或车身手工打蜡、电动打蜡；车身美容或室内美容等多种方式。因各种洗车的价位差别很大，所以在洗车前要先问清楚。

（6）电动洗车机洗完后的车，都会由洗车机上的压缩空气吹干。为避免汽车防渗水功能不良造成车门缝滴水，车主在进入车内要将汽车驶出汽车道时，最好先将车门与车顶间的接缝处所渗的水擦干，否则会滴在身上。

（7）因刚洗完车，车轮还是有水分，所以刚洗完的车子在刚启动行驶时应慢速行驶，使水分被地面逐渐吸收后再高速行驶，才不致使灰尘再度附着在车轮上。当然最好的方法就是让汽车风干，不要急着开走，一来可以使水分蒸发，又可以避免灰尘重新沾到车轮上。

（8）电动洗车的清洗媒介物不是我们常见的布、绵等质软、不易刮伤的工具，而是一种类似塑胶的长丝条。经验指出：长期使用电动洗车机来洗车，易使车身漆面损伤。所以目前这种洗车方式渐渐少了，大多改用人工洗车，一来可清除一些电动洗车无法清除的地方，如车轮弧内及凹缘；二来可发现一些受损的小痕迹，可立即补救，避免后遗症；三则可锻炼身体。

（9）使用电动洗车机时，因洗车机的清洗位置都与汽车的高度有关，像出租车顶上的标牌高度，与后行李箱上的扰流板，须有人员加以照管。

（10）另一种电动洗车机在清洗前，车主应先完成收天线，挂空挡，放开手制动，勿踩脚制动等动作。

五、汽车外部清洗操作示范

（一）喷水枪的正确使用

1. 喷水枪的喷射形状

在使用高压水枪对车身不同部位冲洗时，喷水枪水压、喷水枪液流形状都不相同。喷水枪在使用时，可通过喷水枪上的调节套，调整水压和液流形状。液流形状可以分为扩散雾状（图2-12）和束状液流（图2-13）。

（1）喷水枪喷射扩散雾状液流。在车身上部冲洗时，水枪压

图 2-12　扩散雾状

图 2-13　束状液流

力要大一些，喷水枪液流调整为扩散雾状，以免损坏漆面，如果清洗车身的水压过大和使用束状液流，污物颗粒会划伤漆层。

（2）喷水枪喷射束状液流。在进行车身下部和车轮冲洗时，水压可调高一些，喷水枪液流调整为束状，以便能够冲掉污泥和其他附着物。喷水枪在使用时，可通过喷水枪上的调节套调整水压和液流形状。

2. 喷水枪的冲洗手法

用喷水枪实施车身清洗时，使喷水枪与车身表面保持 45°角，并自上而下和由前向后冲洗，喷水枪与车身距离保持在20～60cm 时向车身各部位进行冲洗。

无论是高压水枪清洗车身、车轮还是用高压水枪清洗车身、车轮上洗车液泡沫，车身冲洗的操作规程均是用喷水枪从汽车顶部开始从上而下冲洗，将沾在车身表面的泥沙冲掉。

（二）汽车外部清洗操作流程

（1）车辆在指定位置停稳。移除汽车周边物品，防止洗车过程中淋湿。并检查汽车门窗是否关好（图 2-14）。

（2）用高压水枪自上而下冲去车身污物。避免将污物冲到已经冲洗过的地方，并注意车轮后方漆面的冲洗（图 2-15）。

图 2-14　车辆在指定位置停稳

图 2-15　高压水枪冲去污物

（3）检查确保车身通体用高压水枪打湿而无遗漏。车身表面全部打湿，保证车身表面应无大颗粒物（图 2-16）。

（4）擦洗轮毂部分。用洗车海绵擦洗轮毂（图 2-17），必要时可用刷子进行清洗（图 2-18）。

图 2-16　车身打湿

图 2-17　洗车海绵擦洗轮毂

（5）用毛巾将整个车身预擦一遍。自上而下地擦拭车身，使车身表面大部分水分被吸干（图 2-19）。

（6）用麂皮细擦一遍。擦干所留下的水痕（图 2-20）。

（7）再用空气清洁枪将车身缝隙吹干。做到外部饰件应无尘、无污垢、无水痕，做到玻璃光亮如新，无刮痕（图 2-21）。

图 2-18　刷子清洗轮毂

图 2-19　用毛巾预擦车身

图 2-20　用麂皮细擦一遍

图 2-21　用空气清洁枪
将车身缝隙吹干

第二节　车身漆面深度清洁

　　汽车在使用过程中，空气中的灰层、雨水有害物、飞禽排泄物、蚊虫撞击和马路上的污水、污泥和沥青等，都会粘着在汽车表面，对于水溶性的比较容易清洗，而非水溶性的需要采用漆面深度清除工艺处理。在车身漆面深度清除工艺中，根据不同的覆盖物选用不同的清洗剂，按照正确的工艺流程实施。

一、汽车漆面污垢及除垢机理

（一）汽车漆面的污垢分析

汽车表面污垢主要分为以下两类。

（1）水溶性污垢（图 2-22），主要包括泥土、砂粒、灰尘等。这类污垢能溶于水，因此很容易用水将其冲洗掉。

（2）非水溶性污垢，主要包括炭烟、矿物油、油脂、胶质物、铁锈、沥青（图 2-23）等。这类污物不溶于水，一般应用清洗剂清洗。

图 2-22　水溶性污垢　　　　　　　　　图 2-23　沥青

清洗第二类污垢的清洗剂应具备以下特性。

（1）表面活性。在汽车表面清洗过程中，清洗剂应能使固体污垢形成悬浮液，使液体污垢形成乳浊液，以便于将其从汽车表面上冲洗掉。

（2）分散性。具有使固体污垢的颗粒在水等介质中分散成细小质点或胶状液体的能力。

（3）湿润性。具有对污垢的湿润能力，即使固体污垢容易被水浸湿，形成浓稠的泡沫增加清洗效果。

（二）清洗剂的除垢机理

清洗剂除垢包括润湿、吸附、增溶、悬浮、去污五个过程。

1. 润湿

由于清洗剂溶液对污垢质点有很强的润湿力，汽车表面上的污垢质点与清洗剂接触后，汽车表面很容易被清洗溶液所润湿，并促进清洗剂溶液与污垢间有充分的接触。清洗溶液不仅能润湿污垢质点表面，而且能深入到污垢聚集体的细小空隙中，使污垢与被清洗表面结合力减弱、松动。

2. 吸附

清洗剂应该有较好的吸附污垢的能力。清洗剂中的电解质形成的无机离子吸附在污垢质点上，能改变对污垢质点的静电吸引力，并可防止污垢再沉积。

3. 增溶

使污垢溶解在清洗剂溶液中。

4. 悬浮

清洗剂中的表面活性物质能在污垢质点表面形成定向排列的分子层，进一步增加了去污作用。从清洗剂的基本结构上看，在其分子内有两个部分：一部分是由长的碳氢链组成，它在油中溶解而在水中不溶解；另一部分是水溶性基团，它使整个分子在水中能够溶解而发生表面活性作用。这种分子又称极性分子，分子中油溶性部分称为亲油基或憎水基，水溶性部分称为亲水基或憎油基。表面活性物质分子与污垢质点接触后，其憎水的一端会吸附在污垢质点上，而亲水的一端与水结合在一起，这样吸附在污垢质点周围的很多定向排列的分子就起了桥梁作用，使污垢质点和周围的水溶液牢固地连接在一起，使憎水性污垢具有亲水性质，表面上的污垢脱落后，悬浮于清洗剂中。

5. 去污

最后通过射流冲击力将污垢冲掉。这种润湿→吸附→增溶→悬浮→去污的过程，不断循环，或综合起作用，将汽车表面上的污垢清除掉。在汽车清洗过程中，往往先用冷水或温水将汽车表面水溶性的污垢冲洗掉，然后用清洗剂溶液冲洗污垢，使憎水性的污垢被清洗溶液润湿、溶解并使其形成亲水层，最后再用冷水或温水冲洗污垢质点，并呈乳化液或悬浮状而脱离汽车表面，被水冲洗干净。

二、汽车清洗剂的种类与成分分析

（一）汽车清洗剂的种类

由于汽车污垢具有多样性，为了有针对性地清除污垢，汽车清洗剂的种类也是多种多样。使用时应根据清洗剂的种类、特性及功能等因素合理选择。

1. 水性清洗剂

对于水溶性污垢采用水性清洗剂（图 2-24）即可达到较好的清洗效果。此种清洗剂一般由多种表面活性剂配制而成，具有很强的浸润和分散能力，且配方中基本不含碱性盐类，不仅能有效地清除一般性污垢，而且对漆面原有光泽具有保护作用。

2. 有机清洗剂

对于水不溶性油污应采用有机清洗剂进行清洗，该清洗剂主要用于去除车身表面的油脂类污垢。有机清洗剂的主要成分是有机溶剂，如三氯乙烯、丙酮（指甲水）、天那水、开油水、白电油等。有机清洗剂在使用中应尽量避免接触到塑料、橡胶部件，以免造成老化。

图 2-24　水性清洗剂

3. 油脂清洗剂

油脂清洗剂又称去油剂，它具有极强的去油功能，主要用于发动机、轮毂等油污较重部位的清洗。目前市场上的油脂清洗剂大致有三类。

（1）水质去油剂。该类产品具有安全、无害、成本适中等优点，但去油功能有限。

（2）石化溶剂型去油剂。该产品具有去油能力强、成本低等优点，但易燃、有害。

（3）天然溶剂型去油剂。该产品不仅去油功能强，且无害，但成本较高。

4. 溶解清洗剂

溶解清洗剂简称"溶剂"，是一类溶解功能很强的清洗剂，不仅能清除车身上的焦油、沥青、鸟粪、树胶、漆点等水不溶性污垢，而且可用于"开蜡"，故有些品种直接取名为开蜡水（图2-25）。

5. 多功能清洗剂

此类清洗剂不仅能去除一般性污垢，而且具有增亮、上光、柔顺、杀菌及防静电、抗老化等作用。此类清洗剂主要用于清洗汽车表面灰尖、油污等，且在清洗的同时进行漆面护理。

（1）二合一清洗剂。所谓"二合一"即清洗、护理合二为一，既有清洗功能，又有上蜡功效，可以满足快速清洗兼打蜡的要求。此产品主要由多种表面活性剂配制而成，上蜡成分

图2-25　开蜡水

是一种具有独特配方的水蜡，它可以在清洗作业中在漆面形成一层蜡膜，增加车身鲜艳程度，有效保护车漆。二合一清洗剂适用于车身比较干净的汽车，洗车后直接用毛巾擦干，再用无纺棉轻轻抛光。

（2）香波类清洗剂。此类清洗剂主要有汽车香波、洗车香波及清洁香波等品种，具有性质温和、不破坏蜡膜、不腐蚀漆面、液体浓缩、泡沫丰富、使用成本低等特点。香波类清洗剂含有表面活性剂，有很强的分解能力，能有效地去除车身表面的尘土和油污等污垢。有的产品含有阳离子表面活性剂成分，能去除车身携带的静电和防止交通膜的形成。

（3）脱蜡清洗剂。此类清洗剂含柔和性溶剂，具有较强的溶解功能。不仅可去除车身油垢，而且能把以前的蜡洗掉。主要适用于重新打蜡前的车身清洗。

6. 环保型清洗剂

此类清洗剂主要成分为天然原料，对环境无污染，并具有特

殊的清洗效果。有些清洗剂含流线式催干剂，自动驱水，几乎不用毛巾擦干。使用方便、快捷，洗车的同时即可完成打蜡工序。

（二）汽车清洗剂的主要成分

1. 表面活性物质

表面活性物质亦称表面活性剂或界面活性剂，是一类能显著降低液体表面张力的物质，是清洗剂中不可缺少的成分。汽车清洗剂中的表面活性物质主要有软肥皂和合成清洗剂。软肥皂又称液体肥皂，一般都是钾皂，在软水中有很好的去垢能力和形成泡沫能力，能很好地溶在水中，是许多汽车清洗剂中不可缺少的成分。在硬度较高的水中，使用合成清洗剂较为合适。因为它可以使肥皂在硬水中形成的钙镁皂浮出，而分散在溶液中。在使用合成清洗剂作活性物时，都用阴离子型及非离子型合成清洗剂。阴离子型清洗剂去垢能力较强，在碱性溶液和硬水中很稳定；非离子型清洗剂去垢能力比阴离子型清洗剂还强，在去垢过程中防止污垢再沉积能力也比阴离子型优越得多。将非离子型清洗剂加入阴离子型清洗剂中，由于增加后者在冷水和硬水中的溶解度，因此可以增加后者的去污能力。

表面活性物质在水中溶解能力不同，对清洗质量有很大的影响。易溶的活性物质在溶液中是以分子的状态存在的。因这些物质形成的吸附层是不坚固的，乳浊液的珠滴会很快地聚合起来，而使污垢又重新沉淀在被清洗的物面上。部分溶于水的表面活性物质，无论其是否以分子状态进入溶液，均能形成使油污的乳浊液、悬浮液和胶体溶液稳定而坚固的吸附层，这些物质是最好的清洗剂。不溶于水的表面活性物质，只能以胶粒的形态转入溶液中形成胶体溶液。胶粒中的分子以亲水部分朝着水，而憎水部分朝着胶粒的里面。这类物质能形成坚固的膜，因而能很好地稳定乳浊液，但很难润湿污垢质点，而且在憎水的污垢质点上吸附力很弱，故这类物质清洗作用不好。除软肥皂及合成清洗剂外，常用的表面活性物质还有油酸、三乙醇胺、醇类等。

2. 水玻璃

水玻璃的化学名称叫硅酸钠（图 2-26）。它在清洗剂中的主要作用是能够使溶液的 pH 值几乎维持不变。在清洗过程中，酸性污垢必定耗用碱盐，水玻璃维持溶液碱性的缓冲效果约为其他碱盐的二倍，因此能降低清洗剂的消耗。水玻璃具有很好的悬浮能力或稳定悬浮系统的能力。这一能力是水玻璃和活性物质同时使用时能提高去污能力的重要因素。

图 2-26　块状硅酸钠

3. 磷酸盐

磷酸盐（图 2-27）有磷酸三钠、磷酸氢二钠和缩合磷酸盐等多种。在清洗剂配方中以缩合磷酸盐最重要。磷酸三钠又称正磷酸钠，它的 1％溶液，在室温时的 pH 为 12。由于它的碱性太强，在清洗剂中用料不能太多。在配方中它能增加清洗剂溶液的润湿能力，有一定的乳化能力，但它主要的作用是软水作用。磷酸三钠与硬水中的钙镁盐反应，成为不溶性的磷酸钙盐和镁盐，这些盐类在溶液中静止后，逐渐沉在容器底部。磷酸氢二钠除 pH 较低外，其余性质与磷酸三钠相同。在配方中往往将这两种磷酸盐混合使用，这样可以保证在较低的 pH 情况下，仍能得到良好的去垢能力。缩合磷酸盐主要包括焦磷酸钠、三聚磷酸钠等，使用最多的是三聚磷酸钠。在去垢剂中加入缩合磷酸盐具有以下作用：缩合磷酸盐和钙镁离子生成络合物，并能在水中溶解，起软水作用。在水溶液中缩合磷酸盐具有特殊的分散污垢固体微粒的能力，这样可以加快清洗过程和提高清洗效果。缩合磷酸盐的 pH 较低，但有很好的去垢能力、泡沫稳定性和乳化力。

图 2-27　磷酸盐

4. 碱性物质

　　附着在金属表面的油脂，大体上可分为动、植物油和矿物油脂两大类。前者是脂肪，它和苛性钠一起被加热时会发生皂化反应，结果生成肥皂和甘油。这些产物都溶于水，此时生成的碱皂是极性分子，极性端被水所吸引，非极性端被油所吸引，因此溶剂的表面张力降低，油和溶液完全接触，溶液可以渗透到油的内部，油脂膨胀并被溶液润湿，从而使它和金属间的附着力减小，最后变成微小的颗粒而分散在溶液中发生乳化。

　　另一方面，若配制清洗液或除油后用水冲洗被洗物面时，使用硬水肥皂便和硬水中的钙、镁离子生成不溶性的金属皂，沉淀在金属表面，很难除去。由于这个原因，使用高浓度的苛性钠起的作用也不大。若浓度过低也会吸收空气中的碳酸气使浓度进一步下降。因此，现在已改用硅酸钠、碳酸钠、磷酸钠系统的碱清洗剂了。因为这些碱性物质都是弱酸强碱式的盐类，加水分解就变成碱，而且其酸碱度大体保持恒定，也就是说，碱度下降后便由水分解补充降低的碱度而保持一定的 pH，所以这样的碱清洗剂是缓冲溶液式的，它弥补了苛性钠的缺点。在清洗液中，为了保证足够的清洗能力，pH 必须保持在 9 以上。

　　对于矿物油脂，由于不会发生皂化反应，因而即使和苛性钠一起加热也很难去掉油脂。但硅酸钠就能去除这类油脂。因为硅酸钠在溶液中呈胶状颗粒，这些胶状颗粒可以吸附并悬浊金属表面外的油脂。硅酸钠对游离碱也有缓冲作用，因此不论哪一种油脂均能被除掉。

在使用硅酸钠溶液除油，特别是除油后还要进行化学除锈时，应特别注意除油后，被洗物面一定要用水冲洗干净（必要时用热水最好），否则，若物面上有一些硅酸钠残留物碰到酸就发生氧化而成硅胶，这对以后的清洗和被洗物表面喷漆都会产生不良影响。清洗剂溶液中加入过多的碳酸钠等碱性物质，会使汽车表面的漆层发软起泡。苛性钠由于碱性太强，不适用于汽车清洗剂配方中，否则会引起漆层完全破坏。碳酸氢钠溶液 pH 较低，20℃时 1% 的碳酸氢钠溶液 pH 为 8。但碳酸氢钠受热易分解成碳酸钠，故在高温使用的配方中不宜采用。

5. 溶剂

溶剂是表面清洗剂的主体，它溶解表面活性剂等添加剂，共同对污垢起化学反应，达到清洗除垢的目的。溶剂主要有水基溶剂和油基溶剂两种，水基溶剂主要是水，油基溶剂主要有汽油、煤油、松节油等。

6. 摩擦剂

摩擦剂是增加与清洗表面接触、摩擦的物质，如硅藻土（图2-28）等。

图 2-28　硅藻土

（1）车辆在指定位置停稳。移除汽车周边物品，防止洗车过程中淋湿。并检查汽车门窗是否关好（图2-29）。

图2-29　车辆在指定位置停稳

（2）打开发动机盖，用除尘枪对发动机舱进行除尘处理。除尘时注意自上而下的顺序（图2-30）。

图2-30　发动机舱除尘

（3）用高压水枪对车身进行清洗。清洗时注意自上而下的顺序。（图2-31）。

（4）将离子覆膜洗车液喷洒于车身表面。确保车身表面无遗

图 2-31　高压清洗

漏（图 2-32）。

图 2-32　喷洒离子覆膜洗车液

　　（5）将水枪调成扩散雾状，配合洗车毛巾，按自上而下的顺序擦洗车身（图 2-33）。

　　（6）底边轮毂清洗。对于轮毂部分，必要时可用刷子进行清洗（图 2-34）。

图 2-33　车身活水淋浴清洗

图 2-34　底边轮毂清洗

（7）脱水。用全干的毛巾对车身进行脱水处理（图 2-35）。

图 2-35　脱水

（8）细节擦拭与边缝吹水（图 2-36）。

（9）用一干一湿两块毛巾，交替对车身进行擦拭（图 2-37）。

（10）门边擦拭。用专用毛巾对门边进行擦拭（图 2-38）。

（11）轮胎上光。将轮胎上光剂喷洒于专用海绵上，对轮胎进行上光处理（图 2-39）。

图 2-36 细节擦拭与边缝吹水

图 2-37　擦拭车身

图 2-38　门边擦拭

图 2-39　轮胎上光

第三节　车身上蜡护理

　　汽车车身打蜡是汽车美容车漆护理项目，通过车漆打蜡，在车漆上形成一层蜡质保护层，有很好的防水、防晒、防静电、防老化和上光等作用。汽车打蜡根据汽车新旧程度和不同的效果，选用不同的车蜡种类。

一、车蜡的种类及选用

（一）常用车蜡的种类

　　车蜡是传统的汽车漆面保养物。车蜡以天然蜡或合成蜡为主要成分，通过渗透入漆面使其表面平整而起到增加光亮度的效果。车蜡的分类一般有以下几种。

　　1. 按物理状态不同分类

　　按其物理状态的不同，车蜡可分为固体蜡、液体蜡、乳态蜡和膏状蜡 4 种（图 2-40）。随着黏度的增大，光泽越艳丽、持久性越强；但去污性越弱，打蜡操作越费力。相反，黏度越小的汽车蜡越便于使用，但持久性越弱。

图 2-40　车蜡

2. 按其功能不同分类

按其功能不同可分为上光保护蜡和抛光研磨蜡两种。上光蜡的主要添加成分为蜂蜡、松节油等，其外观多为白色或乳白色，主要用于汽车漆面的上光保护。研磨蜡的主要添加成分为地蜡、硅藻土、氧化铝、矿物油及乳化剂等，颜色有浅灰色、灰色、乳黄色多种，主要用于汽车漆面浅划痕处理及漆膜的磨平作业以清除浅划痕、橘纹及填平细小针孔等。

3. 按装饰效果不同分类

车蜡按装饰效果不同可分为无色上光蜡和有色上光蜡。无色上光蜡主要以增光为主，有色上光蜡主要以增艳为主。

（二）车蜡的主要功用

车蜡的主要功用可归纳为以下几种。

（1）防水作用。车蜡能使车身漆面上的水滴附着大幅减少，高档车蜡还可使残留在漆面上的水滴进一步平展，呈扁平状，最大限度地减少水滴对阳光的聚焦，使车身免受侵蚀和破坏。并且水滴很难停留在车蜡表面，因而可以有效地抑制因太阳光而造成的水痕（图 2-41）。

图 2-41　打蜡前后防水效果对比

（2）抗高温作用。车蜡抗高温作用是对来自不同方向的入射光产生有效反射，防止入射光线穿透清罩漆，导致底色漆老化变色，从而延长漆面的使用寿命。

（3）防静电作用。通过打蜡隔断空气及尘埃与车身漆面的摩擦，不但可有效防止车身表面静电的产生，还可大大降低带电尘埃对车身表面的附着。

（4）防紫外线作用。日光中的紫外光较易折射进入漆面，防紫外线车蜡充分地考虑了紫外线的特性，使其对车身表面的侵害最大限度地降低。

（5）上光作用。上光是车蜡的最基本作用之一，经过打蜡的车辆，都能不同程度地改善其漆面的光洁程度，使车身恢复亮丽本色（图 2-42）。

（6）研磨抛光作用。当漆面出现浅划痕时，可使用研磨抛光车蜡。如划痕不很严重，抛光和打蜡作业可一次完成。

（7）防划伤作用。车身表面打蜡后，形成一层具有较高硬度和厚度的蜡膜，可以防止细小的划伤（图 2-43）。车蜡除了具有上述功用外，还具有防酸雨、防雾等功能，选用时可根据需要灵活把握，使打蜡事半功倍。

图 2-42　打蜡前后上光作用对比

图 2-43　打蜡前后防划效果对比

（三）车蜡的正确选用

一般情况下，应根据车蜡的作用特点、车辆的新旧程度、车漆颜色及行驶环境等因素综合考虑。选择不当不仅不能保护车体，反而有可能使车漆变色，达不到预期的效果。

（1）根据车蜡的作用来选择。由于车辆的运行环境千差万别，在车蜡的选择上对汽车漆面的保护应该有所侧重。例如，沿海地区宜选用防盐雾功能较强的车蜡；而化学工业区宜选用防酸雨功能较强的车蜡；多雨地区宜选用防水性能优良的车蜡；光照好的地区宜选用防紫外线、抗高温性能优良的车蜡。

（2）根据漆面的质量来选择。对于中高档轿车，其漆面的质量较好，宜选用高档车蜡；对普通轿车或其他车辆，可选用一般车蜡。

（3）根据漆面的新旧来选择。新车或新喷漆的车辆，宜选用上光蜡，以保持车身的光泽和颜色；对旧车或漆面有漫射光痕的车辆，可选用研磨蜡对其进行抛光处理后，再用上光蜡上光。

（4）根据季节不同来选择。夏季一般光照较强，宜选用防高温、防紫外线能力强的车蜡。

（5）根据车辆行驶环境来选择。如果汽车经常行驶在泥泞、尘土、砾石等恶劣道路环境中，应选用保护功能较强的硅酮树脂蜡。

选用车蜡时还必须考虑与车漆颜色相适应，一般深色车漆选用黑色、红色、绿色系列的车蜡，浅色车漆选用银色、白色、珍珠色系列的车蜡。

二、车身上蜡的作业环境及程序

新车不要随便打蜡。有人购回新车后便给车辆打蜡，这是不可取的，因为新车本身的漆层上已有一层保护蜡，过早打蜡反而会把新车表面的原装蜡除掉，造成不必要的浪费。一般新车购回五个月内不必急于打蜡。

上蜡需要掌握好频率。要确定汽车是否需要清洗、抛光还是上蜡，可以采用以下简单测试方法：使用一块干净的不沾水的纯棉毛巾，沿着汽车洁净的漆面擦拭，如果听到"吱、吱"声，说明需要进行上蜡处理。

由于车辆行驶的环境与停放的场所不同，打蜡的时间间隔也有所不同。一般有车库停放并经常行驶在良好道路上的车辆，可每隔三至四个月打一次蜡，否则一两个月就应打一次蜡。但这并非固定规定，一般通过目视或用手触摸车体，感觉发涩时就可再次打蜡。

（一）作业环境

打蜡作业环境应清洁，通风良好，有条件的可设置专门的打蜡工作间。应在阴凉且无风沙处给汽车打蜡，漆面过热时或强烈阳光直射时不可上蜡，因为阳光的直射会使车蜡的附着性变差，影响打蜡质量；沙尘更会附着在车身上，不但影响打蜡质量，而且极易产生划痕。

（二）作业程序

汽车打蜡程序如下。

1. 洗车

打蜡前一定要用专业洗车液洗净车身外表的泥土和灰尘，切记不能盲目使用洗洁精或肥皂水，因为其中含有的碱性成分会侵蚀车身油漆、蜡膜和橡胶件等，使其发生化学变化、失去光泽。

2. 研磨

研磨也称打底，就是将老化的烤漆磨去。不磨不亮，打蜡成败取决于事前的打底工作。因为烤漆表面若凹凸不平，不容易上蜡，蜡也无法形成均匀的膜，要磨亮也很困难。使用含有研磨剂的复合蜡打底处理时，在烤漆膜较薄的部分，最好用遮蔽、用胶带贴起来保护较好。磨光时以 30~40cm 见方为单位来磨，或将车身分成一片一片仔细来磨，如果磨的面积太大，会造成涂抹不匀。

3. 打蜡

上蜡可分手工上蜡和机械上蜡两种，手工上蜡简单易行，机械上蜡效率高。无论是手工上蜡还是机械上蜡，都要保证漆面均匀布涂。不要涂太多的蜡，太多的蜡只能增加抛光工作量，而且还容易粘上灰尘，摩擦时产生刮痕。

手工上蜡时，首先将适量的车蜡涂在海绵上（专用打蜡海绵，最好不用附赠海绵）。然后按一定顺序往复直线涂布，涂布也要分段、分块进行，但不必使劲擦。每道涂布应与上道涂布区域有 1/5～1/4 的重叠，防止漏涂及保证均匀涂布。

机械上蜡时将车蜡涂在打蜡机海绵上，具体涂布过程与手工相似，值得注意的是在边、角、棱处的涂布应避免超出漆面，而在这方面手工涂布更容易把握。上蜡到底上几层较为合适，其实这要视车漆状况决定，并不是越多越好，太多的蜡反而会使抛光产生困难，而上得太薄，又无法填补车身的缝隙。通常新车需要上蜡一至二层，旧车可上三至四层。

打蜡时应遵循先上后下的原则，即先涂抹车顶，再前后盖板，再车身侧面等，如图 2-44 所示。应用海绵块涂上适量车蜡，在车体上作直线式往复涂抹，不可把蜡液倒在车上乱涂或做圆圈式涂抹；一次作业要连续完成，不可涂涂停停。

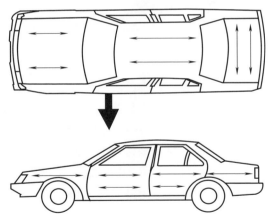

图 2-44　打蜡时应遵循先上后下再两侧的原则

4. 抛光

根据不同车蜡的说明，一般涂抹后 5～10min 即可进行抛光。使用抛光机（图 2-45）抛光时，遵循先上蜡、先抛光的原则，确保抛光后的车表不受污染。抛光作业通常使用无纺布毛巾往复作直线式运动，适当用力按压，以清除剩余车蜡。

但快速车蜡应边涂边抛光。若海绵上出现与车漆相同的颜色，可能是漆面已经破损，应立即停止打蜡，进行修补处理。

车身打蜡后，在车灯、车牌、车门和行李箱等处的缝隙中会残留一些车蜡，使车身显得很不美观。这些地方的蜡垢若不及时擦干净，还可能产生锈蚀。因此，打完蜡后可用塑料刮片垫上干净毛将蜡垢彻底刮除干净，这样才能得到完美的打蜡效果。

打蜡结束后，设备及用品要作适当清洁处理，并妥善保存。

图 2-45　抛光机

5. 完饰

如果蜡上得不均匀，将产生反光现象。可用洗得很干净的绒布或棉布轻轻地擦，也可以在车身表面的蜡上喷水将其溶解后，再用布均匀推开。如果想使车蜡保留的时间长些，可以在打完蜡的车身上喷抹一层护车素，既可保护车蜡，又可提高车身表面的光泽度，还可以起到防晒、防雨及防酸的作用。

小贴士：

汽车打蜡注意事项

要保持汽车整洁的车容，打蜡是不可少的。而许多驾驶员对此有片面的认识，要么频繁打蜡，要么干脆不打；还有些驾驶员认为，车蜡越贵越好，专挑进口车蜡使用。其实这些做法是不恰当的。那么，应如何为汽车打蜡呢？

（1）新车不要随便打蜡。有人购回新车后便给车辆打蜡，这是不足取的。因为新车本身的漆层上已有一层保护蜡，过早打蜡反而会把新车表面的原装蜡除掉，造成不必要的浪费，一般新车购回五个月内不必急于打蜡。

（2）要掌握好打蜡频率。由于车辆行驶的环境、停放场所不同，打蜡的时间间隔也应有所不同。一般有车库停放，多在良好道路上行驶的车辆，每3～4个月打一次蜡；露天停放的车辆，由于风吹雨淋，最好每2～3个月打一次蜡。当然，这并非是硬性规定，一般用手触摸车身感觉不光滑时，就可再次打蜡。

（3）打蜡前最好用洗车水清洗车身外表的泥土和灰尘。切记不能盲目使用洗洁精和肥皂水，因其中含有的氯化钠成分会侵蚀车身漆层、蜡膜和橡胶件，使车漆失去光泽、橡胶件老化。如无专用的洗车水，可用清水清洗车辆，将车体擦干后再上蜡。

（4）应在阴凉处给汽车打蜡，保证车体不致发热。因为随着温度的升高，车蜡的附着性变差，会影响打蜡质量。

（5）上蜡时，应用海绵块涂上适量车蜡，在车体上直线往复涂抹，不可把蜡液倒在车上乱涂或做圆圈式涂抹；一次作业要连续完成，不可涂涂停停；一般蜡层涂匀后5～10min用新毛巾擦亮，但快速车蜡应边涂边抛光。

（6）车身打蜡后，在车灯、车牌、车门和行李舱等处的缝隙中会残留一些车蜡，使车身显得很不美观。这些地方的蜡垢若不及时擦干净，还可能产生锈蚀。因此，打完蜡后一定要将蜡垢彻底清除干净，这样才能得到完美的打蜡效果。

三、汽车打蜡操作示范

（一）操作步骤流程

（1）将施工车辆清洗干净，保证车辆干净无水分（图2-46）。

（2）涂蜡作业。由前至后、由上至下进行涂蜡作业，涂蜡时

图 2-46　车辆干净无水分

海绵呈水平状旋转画圈涂蜡，让车蜡在车身表面呈鱼鳞状（图 2-47）。旋转涂蜡时应注意蜡面交叉覆盖 1/3 的面积。

图 2-47　车身涂蜡

（3）自然晾干。晾干之前涂抹好车蜡。检查车身，对没有涂抹到的位置进行补蜡（图 2-48）。

（4）擦蜡还原。将专用毛巾叠成方块，擦除车身上的浮蜡，擦除浮蜡的手法为往复式，重复擦蜡工序，至漆面达到镜面效果（图 2-49）。

（5）边缝处理。使用专用毛巾配合棉签或毛刷清理边缝，保证边角、缝隙没有任何粉尘污物（图 2-50）。

（二）打蜡作业注意事项

汽车打蜡的质量好坏，不但同车蜡的品质有关，而且同打蜡

图 2-48　补蜡

图 2-49　擦蜡还原

作业方法关系密切，要做到正确打蜡，在汽车打蜡时应注意以下几点。

（1）在打蜡作业中，绝对要防止烤漆面被刮伤，所以手表、戒指之类最好全部拿下来。

（2）打蜡作业环境清洁，有良好通风。

（3）应在阴凉且无

图 2-50　边缝处理

风沙处打蜡，避免车表温度高，车蜡附着能力下降，影响打蜡效果。沙尘若附着在车身上，极易产生划痕。

（4）打蜡时，手工海绵及打蜡机海绵运行路线应该直线往复，不宜环形涂抹，防止由于涂层不均造成强烈的环状漫射；一次作业要连续完成，不可涂涂停停。

（5）打蜡时应遵循先上后下的原则，即先涂抹车顶、前后盖板、车身侧面等。

（6）打蜡时，若海绵上出现与车漆相同的颜色，可能是漆面已经破损，应立即停止，进行修补处理。

（7）涂蜡时尽量采用柔细的海绵或软质的不起毛的绒布或棉

布进行均匀涂抹。

（8）抛光作业要待上蜡完成后规定时间内进行，且抛光运动也是直线往复。未抛光的车辆绝不允许上路行驶，否则再进行抛光，易造成漆面划伤。

（9）不要往车窗和挡风玻璃上涂蜡，否则玻璃上形成的油膜很难擦干净。

（10）抛光结束后，要仔细检查，清除厂牌、标识内空隙及钥匙孔周围、纤细的边缘或转角部分、铁板与铁板之间，橡胶制品的边条缝、车牌、车灯、门边等处残存车蜡，防止产生腐蚀。

（11）打蜡结束后，设备及用品要作适当清洁处理，妥善保存。

（12）要掌握好打蜡的频率。由于汽车行驶及停放环境不同，打蜡间隔时间不可按部就班，但可以用手拭车身漆面，若无光滑感，就应该进行再次打蜡。

（13）冬天容易产生静电，静电会引来灰尘，造成刮伤，可用高级衣物用的静电防止喷剂将它喷在擦车专用的棉布上，可有效防止静电的产生。

小贴士：

新车常见开蜡方法

新车为防止运输中的海水、风沙侵蚀，生产厂家会在车漆表面涂上一层起保护作用的封蜡，这种蜡体中含有石蜡、树脂及特氟隆等材料，可对车身维持一年左右的保护防腐作用。一般情况下汽车生产商不允许这种封蜡停留于车漆表面一年半以上，否则封蜡将会因阳光中紫外线、大气酸性物质的降解而演变成有害物质腐蚀车体。清除新车的封蜡一般称之为"开蜡"。

新车的封蜡一般有以下三种方式：油脂封蜡、树脂封蜡、硅性油脂保护蜡。油脂封蜡的抗碱性极高，也有一定的防划伤能力；树脂封蜡能防止运输新车过程中人为轻微刮蹭，效果较为理想，但并不能阻挡高碱性物质的侵蚀；硅性油脂保护蜡能有效防止阳光中紫外线、酸碱气体，但对硬性刮伤却效果甚微。各汽车生产厂商会根据不同的运输方式和条件使用不同的封蜡方式。

针对不同的封蜡方式，有不同的开蜡方法。

1. 油脂封蜡的开蜡方法

对于油脂封蜡进行开蜡时，一般使用提炼于石油的强碱性药剂作为清洁剂，因此使用时应注意做好对车辆其他部位的防腐蚀保护。

开蜡方法：

（1）先将车身清洁干净；

（2）用油脂开蜡洗车液均匀喷洒于车体，晾晒三分钟后喷洒少许清水，用半湿毛巾按顺序擦拭全车；

（3）用配制好的脱蜡洗车液将全车清洗，循环往复逐块清洗，直至将全车封蜡清除。

2. 树脂封蜡的开蜡方法

对于树脂封蜡，开蜡时可采用多功能轻质水溶性清洁剂去除。

开蜡方法：

（1）用水将车身清洁；

（2）用配制好的脱蜡洗车液均匀喷洒于车体，并用洗车海绵擦拭全车，冲净后无需擦干，晾晒一分钟；

（3）将喷洒过药液的半湿毛巾擦拭车身；

（4）车身连接缝隙处残留的封蜡，用塑料刮片垫半湿毛巾清除干净。

3. 硅性油脂保护蜡的开蜡方法

去除硅性油脂保护蜡需要使用生物降解型产品，它主要提炼于天然橙皮，并含有阴离子表面活性剂，泡沫丰富，分解性较好，因此成本也较高。

开蜡方法：

（1）在开蜡前应使用高压水枪将车身上所附沙粒等冲洗干净；

（2）再用喷雾器将强力脱蜡洗车液均匀喷洒于车体；

（3）用洗车海绵按汽车板块顺序将全车快速擦拭；

（4）用高压水枪将车身上擦下的蜡质及污物冲净，用干净毛巾擦净。

第三章

汽车车身漆面专业处理

汽车外表漂亮与否可能是很多人对汽车的第一要求，当然，汽车外表的养护也是汽车养护重要的一部分，也就是汽车表面油漆的保养。现代轿车普遍采用色漆与清漆结合的面漆系统，包括钢板及底漆腻子、色漆及最表面的清漆。当强氧化性物质与车漆相互作用，在漆表面形成氧化层，就造成漆面失光。可采用特殊的处理工艺，配合专门的护理品予以清除。涉及清漆和部分漆层的浅划痕，一般采用抛光研磨来消除。伤及到底漆甚至钢板的深划痕，当用手拭痕表面会有明显的刮手感觉，可采用喷涂施工来完成。当漆面出现划伤、破损及严重腐蚀失光等现象时就必须采用喷涂工艺来恢复汽车的昔日风采。

第一节　车身漆面研磨和抛光

汽车车身漆面研磨和抛光是处理表面轻微划痕和人工涂装后常用的工艺方式，通过研磨和抛光，可以消除浅层痕迹、磨掉橘皮和流痕，使漆面更加平整，降低色差，增加亮度等，同时也一定程度破坏了车漆表面的清漆涂层厚度，一般也配合打蜡工艺进行护理保护。根据不同的车漆和处理目的，正确选用研磨剂和抛光工艺。

一、汽车漆面美容常见类型

在汽车美容业中，漆面美容主要包括修复美容、护理美容及翻新美容。

1. 修复美容

汽车修复美容是指对喷漆后的漆面问题进行处理。

在没有专用喷烤设备的车间喷漆，或者有喷漆房，但喷房的通风净化不洁净的情况下，过滤系统会失效或喷漆房内的空气压差不稳。用于喷漆的压缩空气就会或大或小，致使修补漆的接口边缘出现流挂、尘埃、橘皮和干喷等现象。这些现象需经修复才能达到高质量的漆面效果。

漆面修复美容的施工工艺如下。

（1）磨平　新喷的漆面必须完全干燥后进行打磨。所以必须遵循涂料制造商有关干燥时间，确定干燥的温度及涂层可抛光的时间。

① 大面积的磨平处理可用费斯托电动偏心振动圆形细磨机 ET2E 或气动圆形细磨机 LEX150/3M 两种磨机。细磨机的偏心振动直径均为 3cm 并带有平滑启动、无级调速功能，运转平稳。配费斯托专用美容砂纸 P1500 打磨时适当加少许水，细磨机用中挡速度均匀打磨须处理的部位，要尽量使磨垫底盘平放于打磨部位。这样可获得更好的平稳性，并减少损坏涂料表面的机会。避免因高速打磨产生的热量，使磨削的粉尘粘在砂纸表面后造成漆面新的划痕。

② 小面积或点状颗粒尘埃，可用费斯托手动小打磨头 D36，配费斯托自粘式专用砂纸 P2500 平稳打磨。在打磨时应保持打磨头垂直于物件表面，磨头要在尽可能小的圆圈移动，并在砂纸表面涂上一些肥皂，以减少砂纸砂粘的堵塞，将有问题的漆面打磨平滑后进行抛光。

（2）抛光　将水溶性抛光蜡均匀涂在已处理好的表面，用费斯托中号抛光机 RAP150.03E 配合费斯托抛光用软毛毡进行抛光。在抛光过程中使用喷雾瓶向工件表面及抛光毛毡喷水，以防发热后抛光剂和漆面粘着。先将抛光机转速调整为 900～1600r/min 进行扩散抛光，将砂纸痕磨平，然后再将转速调整为 1900～2500r/min 进行高光洁度抛光。经过抛光后的漆面要上光蜡保护，用费斯托中号抛光机加细海绵球及水溶性漆膜保护蜡，用中低速涂匀，封闭保护 10min，使蜡中的高分子聚合物覆盖于漆膜表面后，再用中号抛光机配费斯托洁净羊毛球进行保护性抛光。

2. 护理美容

护理美容是指汽车在正常使用中进行护理，保护漆膜而使漆面光泽持久，避免粗糙失去弹性和光泽。

汽车漆膜护理美容的施工工艺如下：

（1）首先用中性清洁液清洗车身各部油污与脏点。

（2）用费斯托中号抛光机 RAP150.03E 及细海绵配合水溶性漆膜保护蜡，将漆膜保护蜡涂于海绵球的表面，用中低速900～1600r/min 均匀涂抹在车身表面。封闭 10min 后改用羊毛球进行抛光，除去表面浮蜡。

3. 漆面翻新美容

漆面翻新美容是指受污染的漆面造成粗糙失光不须喷漆，经过翻新美容后就能达到原来的效果。

在日常的使用中，汽车油漆表面由于长时间未做任何漆膜保护，以及受空气中的有害气体、紫外光照射、酸雨、鸟粪等侵蚀和汽车在高速行驶中与空气摩擦产生的静电，将有害气体的分子和灰尘吸附黏结于车身油漆表面，而形成一种氧化膜，使车身颜色变暗、不鲜艳，同时严重影响上蜡质量。

二、汽车车身漆面结构与类别

（一）汽车车漆的结构

车漆就像人的面容，如果车身上布满了灰尘、带有划痕或是没有了光泽，就会让爱车的身价大打折扣，也会使车主的形象受到损失，可见车漆有多么重要。常见原厂车身漆面由电泳底漆、中涂、底色漆和清漆构成（图 3-1），总膜厚不超过两根头发丝的厚度（一根头发丝约 $70\mu m$），一般均属于油性涂料，挥发性较大，但随着汽车工业的发展和环保标准的提高，水性涂料已逐渐深入车身漆面市场，既改进了车身漆面性能，又降低了空气污染。

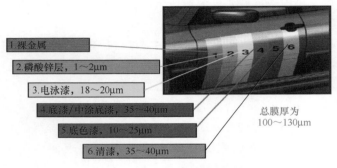

1.裸金属

2.磷酸锌层，1～2μm

3.电泳漆，18～20μm

4.底漆/中涂底漆，35～40μm

5.底色漆，10～25μm

6.清漆，35～40μm

总膜厚为
100～130μm

图 3-1　原厂车漆结构

　　汽车底漆是车身漆面的最内层，用于提高油漆与车身的附着力，增加油漆表层的色彩表现力，并提供抗碱性、防腐蚀等功能，使油漆系统发挥最佳效果。

　　中涂作为承上启下的过渡层，其作用体现在提高色漆的丰满度、附着力和耐候性等方面性能。

　　底色漆是最具色彩表现力的车漆涂层，它是车辆外观颜色的直接反映，具有优良的耐腐蚀性、耐候性和耐崩裂性。

　　清漆是不含着色物质的透明涂料，光泽好，涂于色漆表面上，形成具有装饰和特殊性能的涂膜，反光度较低的清漆有助于亚光漆的性能表现。

　　需要说明的是，汽车车漆出现刮蹭在所难免，原厂的车漆在刮蹭过程中如果底材发生变形，在修补漆系统中，则会增加有原子灰层，其目的是用来修复车身底材（轻微）变形。

（二）汽车车漆的类别

在做汽车车漆保养和护理过程中，技术人员应当对所操作车辆的车漆有鉴别能力，按所含颜料不同，可分为普通漆（纯色漆）、金属漆和珍珠漆。

普通漆是最常见的汽车用漆（图 3-2），出现得也最早，十多年前人们接触到的汽车多是用的这种油漆，它的特点是成本低廉，工艺简单，但其光泽度不太好，表面硬度也不高，特别容易刮花。所以在轿车上已经很少使用，即便有也是低档次的车型，最多的是用在货车和客车上，不过使用这类油漆的汽车在价格上有优势。

图 3-2　纯色漆

金属漆又叫金属闪光漆（图 3-3），是当下较为普遍的一种汽车面漆。它是在普通漆的基础上加上铝粉，光线射到铝粒上后，又被铝粒透过气膜反射出来。因此，看上去好像金属在闪闪发光一样。这种金属闪光漆，给人们一种愉悦、轻快、新颖的感觉，所以十分普遍。改变铝粒的形状和大小，就可以控制金属闪光漆膜的闪光度。在金属漆的外面，还加有一层清漆予以保护。所以金属漆的最大特点不仅是亮度高，而且它的硬度比普通漆高

图 3-3　金属漆

出许多，一般的物体不容易将它刮下来，所以如今汽车基本都使用了金属漆。

　　珍珠漆又叫珠光漆（图 3-4），它的原理与金属漆是基本相同的。它用云母代替铝粒。在它的漆基中加有涂有二氧化钛和氧化铁的云母颜料。光线射到云母颗粒上后，先带上二氧化钛和氧化铁的颜色，然后在云母颗粒中发生复杂的折射和干涉。同时，云母本身也有一种特殊的、有透明感的颜色。这样，反射出来的光线，就具有一种好像珍珠般的闪光。

图 3-4　珍珠漆

　　而且，二氧化钛本身具有黄色，斜视时又改变为浅蓝色，从不同的角度去看，具有不同的颜色。因此，珠光漆就给人一种新奇的、五光十色、琳琅满目的感觉。

面漆按工序次数可分为单工序、双工序和三工序漆，例如某些纯色漆可能是单工序漆，金属漆和部分珍珠漆为双工序漆，部分珍珠漆为三工序漆。

（三）车漆类型的鉴别方法

1. 观察法

通过观察漆膜组织，识别油漆类型。如果车身外形线附近的表皮组织粗糙，或漆膜摩擦后出现了抛光组织，则说明原来用的是抛光型油漆。

2. 擦拭法

用蘸有粗蜡的白布擦拭漆膜，观察漆膜溶解的程度。如抹布染有颜色或黑色（图 3-5），说明这是单工序面漆（即漆膜没有罩上清漆）；如漆膜未受影响，抹布上没有颜色或黑点，说明这是双工序面漆（即漆膜已罩上清漆）。

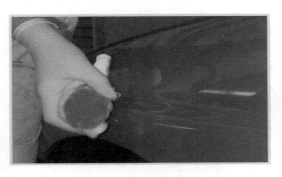

图 3-5　擦拭法

3. 测试法

由于各种油漆干燥后漆膜的硬度是不一样的，通过对其测试识别油漆类型。一般来说，双组分漆和烘漆的漆膜硬度比自干漆高。确定漆膜硬度和厚度最常见的方法是用电磁式的厚度计和机械式厚度计（图 3-6）测得。

图 3-6　膜厚仪

4. 试验法

用溶剂湿润或加热的方法，通过试验识别油漆类型。如图3-7所示，溶剂试验是用蘸有硝基漆稀释剂（香蕉水）的白布摩擦漆膜，观察漆膜溶解的程度。如果漆膜溶解，并在布上留下印迹，则是自干漆；如果没有溶解，这可能是烘漆或双组分漆。丙烯酸聚氨酯漆没有自干漆那样容易溶解，但有时溶剂能渗透进去，削弱表面光泽。加热试验先用细砂纸蘸水打磨，使漆膜失去光泽，然后用红外线灯加热。如果钝化表面重新出现光泽，则说明是丙烯酸喷漆。

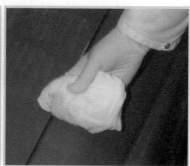

图 3-7　溶剂试验

5. 电脑检测法

世界上各大电脑配色仪生产厂都有适合汽车修补用的便携式

电脑检测仪。这些仪器的探头均可直接放到汽车待修补的部位上，可获得最为可靠的涂料数据，该数据经配色系统处理后，就可获得按色浆配漆的精确配方，然后再由人工或专用机械调配涂料。

三、车身漆面常见问题及处理

（一）漆面失光（图3-8）

1. 确定漆面失光的原因

自然氧化导致的失光：漆面无明显划痕，用放大镜观察漆面斑点较小，这类原因大多是氧化还原反应所致。

浅划痕导致的失光：漆面分布较多浅划痕，特别是在光线较好的环境中，如在阳光的照射下十分明显，导致漆面光泽受到严重影响。

透视效应引起的失光：用放大镜仔细观察漆面，若发现漆面有较多的斑点，则说明漆面受透镜效应侵蚀严重，光泽受到不同程度的影响。

图3-8　漆面失光

2. 漆面失光处理工艺程序及方法

自然氧化不严重或浅划痕导致的失光处理方法：由于上述原因导致的漆面失光，通常可采用抛光研磨的方法进行处理，如图3-9所示。

自然氧化严重或透镜效应严重引起的失光：由于上述原因导致的漆面失光，要求进行重新喷漆，如图3-10所示。

（二）漆面氧化（图3-11）

（1）病症　汽车在太阳紫外线的照射下，时间长了车漆氧化，漆面的亮度大大降低。于是，漆面会慢慢发白，形成氧化层，

图 3-9　抛光

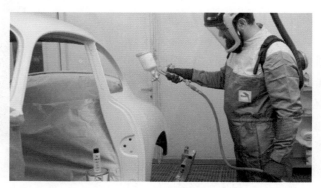

图 3-10　汽车喷涂

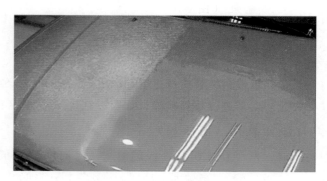

图 3-11　漆面氧化

缩短车漆的寿命。车漆发乌、发白、无光泽现象，给人的感觉是车变旧了。

（2）预防　打蜡是预防漆面氧化的最好办法。因为蜡起到了密封的作用，在车漆表面形成保护膜，抑制外界有害成分对车漆的氧化作用。

（3）处理　漆面氧化可以通过研磨抛光来处理。经过研磨抛光，除去漆面氧化层，可以让车辆重新容光焕发，色泽暂时又恢复到新车时的状态。同时，也可进行封釉和镀膜（图 3-12）。封釉可以增加车漆的密封度，而且抗高温耐紫外线。镀膜是将车漆保护膜贴覆在车身表面，起到隔绝保护车漆的作用。

图 3-12　镀膜

（三）漆面龟裂（图 3-13）

图 3-13　漆面龟裂

（1）病症　如果平时不对漆面做一些必要的护理，金属漆可能产生一种非常细微的裂痕，它会不断地渗透车漆，直至"击穿"整个色漆层，这种现象叫"龟裂"，一般发生在金属漆上。龟裂的初期肉眼很难发现，当肉眼能觉察到时已经比较严重。

（2）预防　经常打蜡可减少龟裂产生。

（3）处理　只能彻底去漆研磨至金属表面，再重新涂装。

四、车身漆面研磨材料及设备

（一）漆膜研磨抛光耗材

1. 砂纸（图 3-14）

通过表面预处理清除漆面上的污物，消除严重氧化、细微划痕及表面缺陷，按工艺不同有水磨砂纸和干磨砂纸之分。随着人工成本的提高，水磨砂纸研磨效率不高，使用后砂纸痕较重的问题开始凸显，一些主流高端站开始采用干磨圆盘砂纸，在抛光前使用干磨机半湿磨的方式进行研磨，无砂纸痕的残留，机械化操作，可极大地提高抛光效率。

图 3-14　干磨砂纸及水磨砂纸

2. 遮蔽胶带、遮蔽膜

这些专门为汽车修补涂装所设计的胶带耐热及耐溶剂性强，剥离后不会残留粘胶在车身上，其主要目的是在抛光时对相关部位进行保护，如图 3-15 所示。

图 3-15　胶带及遮蔽膜

3. 抛光蜡

抛光蜡属于美容修复蜡，主要是蜡中含有不同磨削程度的磨料颗粒，根据磨料颗粒的不同将抛光蜡分为粗蜡、中蜡和细蜡。区分不同的抛光蜡，可以用手指取少量蜡，反复摩擦能明显感觉到粗蜡和细蜡的不同磨削能力，如图 3-16 所示。

高品质的抛光蜡会有如下特性。

（1）采用氧化铝磨料颗粒，抛光速度快且效果好。磨料颗粒在抛光过程中逐渐减少，可以保证极高的耐久效果，而不会受到洗车、天气、阳光作用的影响。相比之下，含硅、蜡和其他添加剂产品的抛光蜡，耐久性差，只因化学作用而达到短暂的光泽效果。

图 3-16　抛光蜡

（2）不含硅。含硅产品会在涂膜产生所谓的"硅穴"，甚至会对底材造成伤害。

（3）水基产品，使用方便，满足环保要求、没有健康危害。用水作为溶剂，抛光后很容易清洁，被飞溅的零件用湿布一擦就行。其他产品常含有高浓度碳水化合物或其他有害物质。

（4）产生极少的废尘。抛光结束后不再需要用水冲洗。

（二）漆膜研磨抛光设备

1. 干磨机 （图 3-17）

干磨作为一种新型的打磨工艺已经在行业内越来越受到重视，其优势也远远大于以前的传统打磨工艺，配合不同型号砂纸用于漆面处理研磨工序，其工作原理相当简单：通过高压气驱动干磨机旋转，在对原子灰和油漆进行研磨的同时，旋转的吸尘电动机在干磨机工作面产生一个负压区，将干磨产生的灰尘吸入系统之内，防止灰尘对空气和环境造成污染。

2. 抛光机

抛光机有立式和卧式两种。立式抛光机体积小巧，携带方便，可以作为打蜡工具使用。绝大多数的美容店都使用卧式抛光机，如图 3-18 所示。它操作方便，使用寿命长，抛光效果好。

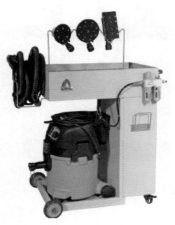

图 3-17　干磨机

图 3-18　抛光机

3. 抛光盘 （图 3-19）

目前抛光机所用的抛光盘不外乎三种：羊毛盘、粗质海绵盘、柔软海绵盘。羊毛盘和粗质海绵盘使用于抛光研磨场合，而柔软海绵盘的抛光面大都做成凹凸有序的波浪形，有利于精细抛光，形成光着如镜的抛光漆面。抛光作业时切记区分使用。

图 3-19　抛光盘

五、漆面抛光处理工艺与操作示范

汽车表面经喷涂之后，可能会出现粗粒、砂纸痕、流痕、反白、橘皮等漆膜表面的细小缺陷，为了弥补这些缺陷，通常在喷涂后进行研磨抛光处理，以提高漆膜的镜面效果，达到光亮、平滑、艳丽的要求。

（一）安全防护

根据施工工艺和施工对象，施工人员应佩戴相应的安全防护，防止意外的发生。

1. 呼吸防护

保护技术人员的肺免受打磨时产生的固体微粒的伤害，如图 3-20 所示。根据需要采用 P1、P2、P3 级微尘过滤口罩，同时保证作业场地良好的通风状况。

2. 眼部防护

在操作前，检查材料时，如开罐或搅拌，液体材料可能溅入眼睛，应该佩戴防护眼镜或护目镜，如图 3-21 所示。同时防止在抛光过程中研磨蜡的飞溅，以及磨灰对眼睛造成伤害。溅出的漆料一旦进入眼睛，使用清水冲洗，并立刻送医诊治。

图 3-20 防尘口罩

图 3-21 护目镜

3. 手部防护

在接触的抛光蜡护理剂中含有多种化学品均能刺激皮肤，长期接触可能导致皮炎。此外，有些溶剂可经由皮肤吸入体内。漆类喷涂物溅在皮肤上时应迅速擦去，必要时用适当的清洁物质帮助去除，再用肥皂和清水冲洗。戴上合适的防化手套，可以有效地防护手部不受涂料或其他液体的伤害。防化手套可以选择丁腈橡胶手套或氯丁橡胶手套，如图3-22所示。

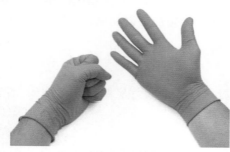

图 3-22 防化手套

（二）操作方法

首先用去污力强的漆面清洗剂清洗整车，采用清洗剂时，应避免颗粒灰尘在研磨中造成新划痕。

1. 准备工作（图 3-23）

工具：抛光机、羊毛盘、海绵盘、超细纤维布、遮蔽膜、遮蔽胶带。

材料：砂纸、抛光粗蜡，镜面蜡。

图 3-23　准备工作

抛光作用：去除油漆表面氧化层、浅层的划痕、氧化造成的漆面失光等影响漆面外观的问题。

抛光用力原则：初始抛光时使用中等偏上压力，使蜡有较好的切削力，后续收光可放松压力；抛光面积以一臂距离为准，抛光完毕后及时擦除残余蜡斑。

2. 抛光三环节

抛光三个环节是指研磨、抛光、还原。

各环节具体含义及质量标准如下。

（1）研磨　通过表面预处理清除漆面上的污物，消除严重氧化、细微划痕及表面缺陷，工艺大多采用水砂纸去除表面瑕疵，一般使用 1500～2000 号水砂纸。如图 3-24 所示。

随着人工成本的提高，水磨砂纸研磨效率不高，

图 3-24　水磨

使用后砂纸痕较重的问题开始凸显，一些主流高端站开始采用 3M 金字塔砂纸，P1500 和 P3000 砂纸，使用干磨机半湿磨的方式进行研磨，无砂纸痕的残留，机械化操作，可极大地提高抛光效率。如图 3-25 所示。

图 3-25　干磨

具体步骤如下。

① 缺陷去除。漆面喷洒少量水，使用 P1500 金字塔砂纸配合干磨机整体上下左右各一遍，漆面呈亚光状态；打磨后，使用橡胶刮水板刮除表面的白沫，观察漆面，找出突显的缺陷，再在砂碟上喷洒少量水，去除缺陷。

② 漆面过细。使用干磨机配合 P3000 金字塔砂纸和干磨软垫打磨漆面，在砂碟和漆面上喷洒一定量的水，以较快的移动速度，按上下左右顺序各两道打磨整个漆面。打磨后，使用橡胶刮水板刮除表面水和白沫。

质量标准：漆面上无氧化层、划痕等缺陷。

（2）抛光　抛光是研磨后进一步平整漆面。除去研磨残余条纹，抛光剂使漆面光泽度自然呈现。

① 粗蜡抛光：砂纸研磨后进一步去除表面砂纸痕，恢复漆面平整度和初始光泽。如图 3-26 所示。

将蜡均匀涂抹在一定漆面区域内（单次抛光面积在一臂展长

图 3-26　粗蜡抛光

宽范围内为宜），抛光机转速控制在 $1200\sim2000r/min$ 之间。初期以中等偏上的压力压住抛光盘匀速抛光漆面，观察漆面，待砂纸痕明显抛除后放松压力将蜡痕抛开，恢复漆面一定的光泽。抛光后应使用超细纤维布擦拭干净漆面残留的粗蜡和粉尘。

质量标准：去除砂纸在漆面上造成的砂纸痕，漆面呈现部分光泽。

② 镜面抛光：去除粗蜡抛光残留的圈纹，恢复车漆的原有光泽。如图 3-27 所示。

图 3-27　镜面抛光

质量标准：漆面无明显圈纹，出现镜面效果，光泽度比抛光前得到有效改善。

（3）还原　用还原剂找回车漆的本来面目，恢复新车般的状态。如图 3-28 所示。

图 3-28　还原

质量标准：光泽度明显比抛光前得到改善，倒影清晰可见。

为了确定使用研磨剂的种类，需对漆面问题进行判断。在不明显处的小块面积使用研磨剂。研磨剂优先选用轻度研磨剂，如果漆面缺陷较严重，考虑选用中度或重度研磨剂。

（三）注意事项

（1）抛光时必须坚持"宁可慢，不可快；宁轻，勿重"的原则，避免抛露底漆。

（2）把电线背起来，以免伤人、伤机、缠线，严禁电线接触。

（3）抛光蜡可先倒在漆面上均匀分散，防止漆面飞溅。

（4）漆面抛光前建议先用洗车泥擦拭，去除油漆表面附着的表层颗粒和污染物。

（5）抛前机盖时，用大毛巾或者是遮蔽膜盖住前挡玻璃，避免抛光蜡沾在玻璃密封条与雨刮器上难以擦除。

（6）抛光蜡均匀涂在羊毛盘或海绵盘上，防止飞溅、浪费材料。

（7）使用完毕后正确放置机器，两手柄支地，毛轮朝上。

第二节 车身镀膜和封釉

一、汽车镀膜与封釉的作用及区别

（一）汽车镀膜的作用

真正的汽车镀膜应该是无机镀膜，也就是永远不会氧化的水晶玻璃镀膜。只有无机镀膜，才是覆盖在汽车表面的镀膜层，不会被紫外线、酸雨等外界因素氧化而消失掉，车辆正常使用情况下单次保护车漆长达 2 年左右，所以才能称为汽车镀膜。汽车镀膜是汽车美容的其中一种项目。

汽车镀膜的优点如下。

（1）抗氧化、防老化的作用。施工后在车漆表面形成坚硬的无机（二氧化硅玻璃晶体）镀膜层，与车漆紧密结合，提高漆面硬度和平滑度，将漆面与空气完全隔绝，并且无外力因素永不脱落。

（2）能够大大地提高车漆表面清漆的光泽度（图 3-29），使车漆看上去更加鲜艳、光彩夺目。

图 3-29　镀膜之后

（3）耐腐蚀。坚硬的非有机（玻璃晶体）膜层自身不会氧化的同时也防止外界的酸雨、飞虫、鸟粪等对车漆的腐蚀，致密的玻璃晶体膜具有超强抗腐蚀性，镀膜能有效防止酸雨等腐蚀性物质对车漆造成的损害，同时防止车漆的褪色。

（4）耐高温。玻璃晶体本身具有耐高温的特质，能有效反射阳光将外部的热辐射进行有效反射，防止高温对车漆的伤害。

（5）防划痕。坚硬的非有机（玻璃晶体）膜层可以将车体表面的硬度提高到 7H，远高于车蜡或釉 2H～4H 的硬度，能更好地保护车漆不受沙砾的伤害。

（6）易清洗。电离子镀膜具有超强的自洁性和拨水性，不易沾附灰尘、污渍，清洗时只用清水即可达到清洗的效果，使车辆保持高清洁度和光泽度。

（7）超持久强大的韧性和延伸性，通常保护车漆表面亮度，形成镜面效果 2 年以上，远远超过打蜡和封釉。

（8）超环保。使用水溶性环保材料，自身不氧化，更不会对车漆造成二次污染，而传统的打蜡封釉项目对车漆容易造成二次污染。

（9）超强的拨水性。坚硬的非有机（玻璃晶体）膜层表面氟素处理后具有超强的拨水性，使水落在车体的瞬间收缩成水珠滑落，有效地防止水垢的形成。

（二）汽车封釉的作用

封釉时釉通过封釉机的高速振动和摩擦，利用其特有的渗透性和黏附性把釉分子强力渗透到汽车表面涂膜的缝隙中，使涂膜也具备釉的防酸雨、抗腐蚀、耐高温、耐磨、高光泽度等特点，如图 3-30 所示，从而起到美观和对车漆保护的目的。经过封釉的汽车涂膜光滑，手感柔顺，亮丽照人，涂膜能够达到甚至超过原车效果。使旧车更新，新车更亮，还为以后的汽车美容、烤漆、翻新奠定了基础。

根据保养原理的不同可以看出，封釉与抛光的根本区别是：封釉是给涂膜加上了一层保护膜，属于保护性美容；而抛光是将涂膜削掉了一层，属于损伤性美容。

图 3-30　封釉的作用

小贴士：

封蜡 VS 封釉

汽车打蜡和使用晶亮釉，二者同为汽车美容、保护汽车漆面光泽的美容手段，因此在功能上，二者有相同的地方，但和汽车打蜡比较，使用晶亮釉有着自己明显的优势。

（1）晶亮釉不溶于水，可以避免汽车打蜡后怕水的缺陷。由于汽车打蜡所使用的蜡都是溶于水的，因此如果汽车刚刚打完蜡后碰上阴雨天气，打上的蜡就会被雨水所溶解，起不到保护漆面和美容的作用。同时由于蜡可溶于水，打完蜡后给洗车也造成了诸多不便，而晶亮釉则因为不溶于水，因此做完晶亮釉后，不用担心被水溶解的现象发生，可以长期地保护汽车漆面。

（2）不损坏原有漆面。和打蜡相比，封釉的第二个优点就是不会损害汽车漆面，由于传统的汽车打蜡都要先洗车后打蜡，频繁的洗车自然会对汽车漆面造成危害，久而久之就会使之变薄，而晶亮釉则是采用一种类似纳米的技术，使流动的釉体在汽车漆面表层附着并以透明状硬化，相当于给汽车漆面穿上一层透明坚硬的"保护衣"，因此可以起到保护汽车漆面的作用。

（3）保护时间长。汽车做一个套餐的封釉之后，可以保护一年左右，同时避免了经常洗车的烦恼，汽车表面的灰尘可以轻松擦去。名词解释：釉实际上是一种从石油副产品中提炼出来的抗氧化剂，特点是防酸、抗腐、耐高温、耐磨、耐水洗、高光泽度等。封釉就是用柔软的羊毛或海绵通过振抛机的高速振动和摩擦，把釉分子强力渗透到汽车表面油漆的缝隙中，从而起到美观和对车漆保护的作用。

（三）汽车封釉和镀膜的区别

1. 产生效果不同

汽车封釉通过专用的振抛机把釉压入车漆内部，形成网状的牢固保护层，由于通过动力工具施工，让釉与漆面充分渗透。可是由于温度上升以及其他因素，封釉会导致车漆氧化。不过釉的功效保用时间略长，能够持续 1～3 个月。镀膜通常保护车漆表面功能的时效性可以达到 2 年以上，远远超过打蜡和封釉。

2. 原料选用的不同

釉与蜡都是从石油中提炼，加上一些辅助原料制成。受原料所限，容易氧化、不持久的问题无法解决。所以新的镀膜采用不氧化原料及稳定的合成方式［二氧化硅（SiO_2）材质］、植物及硅等环保又稳定的原料来提炼合成。避免了在车漆表面造成"连带氧化"的问题，并可长期保持效果。

3. 养护理念不同

封釉与打蜡的养护理念是将"釉"或"蜡"加压封入车漆的空隙中，与车漆结合到一起，优点是与车漆融为一体，增亮效果明显。但由于它们自身的易氧化性，会连带漆面共同氧化，导致漆面发污，失去光泽。为避免这个缺陷，镀膜采用和漆面的化合键结合：以透明的"膜"的形式附着在漆面，避免漆面受外界损伤。同时也避免了保护剂本身对车漆的影响，长期保持车漆的原厂色泽。由于膜层本身结构的紧密，很难破坏，使得它可以大幅度降低外力对漆面的损伤。

4. 操作工艺的不同

原料及理念的差异，必然造成工艺上的区别："釉"和"蜡"因为要与漆面充分结合，所以附着方式要用高转速的研磨机把药剂加压封入漆面（所以称封釉）。而这种压力同时作用在漆面上，经常会造成漆面损伤。镀膜采用了温和的涂抹及擦拭的附着方式：靠膜本身的分子结合力附着在漆面上，避免损伤车漆。

二、汽车镀膜、封釉材料和设备

（一）封釉机

封釉机实际上是一种立式抛光机，但是它的运动轨迹与抛光机不同。它采用粘扣式的设计，与它配合的抛光盘是磨削能力不强的细海绵或蜂窝状海绵。如图 3-31 所示。

（二）车身釉

釉是一种从石油副产品中提炼出来的抗氧化剂。特点是防酸、抗腐、耐高温、耐磨、耐水洗、渗透力强、附着力强、高光泽度等。如图 3-32 所示。

图 3-31　封釉机

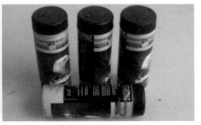

图 3-32　车身釉

（三）镀膜剂

车漆的主要成分是树脂，分子间隙比较大，镀膜剂中的硅素、二氧化硅、纳米无机硅等小分子元素可以充分渗透到车漆分子间隙里和微孔中，在其表面形成一层类似于手机屏幕保护膜的透明结晶膜层，大大提高了车漆表面的硬度和抗划痕能力，对车漆起到长期封闭保护作用，保持车漆长久光亮如新。如图 3-33 所示。

（四）镀膜垫块及镀膜巾

镀膜巾包裹在镀膜垫块上，将车身镀膜剂摇匀，将其均匀涂在镀膜巾上。按分块涂抹在车漆表面。镀膜剂需均匀涂在镀膜巾上，如图 3-34 所示，以免干燥部分对车漆造成划痕。

图 3-33　镀膜剂

图 3-34　镀膜垫块和镀膜巾

三、车身镀膜和封釉工艺与操作示范

（一）车身封釉操作步骤

1. 第一步，中性清洗

别看只是清洗，却很有讲究。清洗剂必须使用中性的，因为碱性的清洁剂会腐蚀车漆，如果残存在车体缝隙中，腐蚀性就更大了。如图 3-35 所示。

（1）清洗车身并去除沥青或蜡层等脏物（用除蜡水除蜡）。

（2）用专业洗车液洗净车上残液与残蜡。

2. 第二步，抛光（新车不做）

（1）海绵抛光盘浸湿，安装在研磨机上，空转 5s，将多余

图 3-35　洗车

水分甩净。

（2）把研磨剂摇匀，倒在海绵抛光盘上少许，用抛光盘在漆面上涂抹均匀。

（3）调整研磨机转速到 $1800\sim2200r/min$，启动研磨机，沿车身方向直线来回移动，抛光盘经过的长条轨迹之间相互覆盖三分之一，不漏大面积漆。如图 3-36 所示。

图 3-36　抛光

（4）在抛光时应不断保持抛光盘和漆面处于常温状态，在漆面温度升幅超过 20℃时对研磨的漆面喷水降温。

（5）对于车身边角不宜使用研磨抛光机的位置，采用手工方法抛光，用干毛巾沾抛光剂抛光。把整个车身有漆面的地方全部做完，包括喷漆的保险杠，注意此处温度不宜过高。注意边角、棱角，不要用力抛，因为这些地方漆膜较薄。

（6）漆面抛光后，用纯棉毛巾将整车清洁干净。

按右车顶→右前机盖→左前机盖→右前翼子板→右前车门→右后车门→右后翼子板→后备厢盖的顺序研磨右半车身，按相反顺序研磨左半车身。做车顶时可打开车门，在门边垫毛巾，踩在门边上操作。

要点：要控制抛光盘的转速和湿度，注意漆面的温度和边角棱角。

质量标准：漆面色泽一致；和抛光前相比，亮度有明显改善，接近于新车；出现自然光泽，用报纸在漆面上看倒影清晰。

注意事项：控制抛光机的转速，不可超过选定速度的范围；保持抛光方向的一致性，应有一定的次序；换抛光剂的同时要更换海绵轮，不可混用海绵轮。

3. 第三步，封釉

（1）第一遍封釉

将产品充分摇动均匀，直接将产品倒在车身上，常温工作，车身（发动机罩）降温后最佳。用干净的软布，轻快而有力地"划圈"，直到镜靓釉消失并出现光泽（手压力越大，去污渍力越强，油漆面氧化层去得越清，漆面就越光泽，附着力越强），这一步可选择封釉机上釉，效果最佳。如图 3-37 所示。

要点：不要在阳光下操作。

质量标准：缺少视觉上的深层次的倒影和看上去没有一层薄薄的膜的感觉，只有手感上有极度光滑的感觉。

（2）第二遍封釉

重复第一遍，10～20min 干燥后，将其擦掉，镜靓釉效果立即呈现。

质量标准：视觉上有深层次的倒影和看上去有一层薄薄的膜

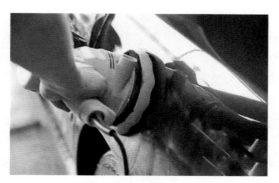

图 3-37　封釉

的感觉，手感极度光滑。

操作要点：

① 执行漆面抛光的施工技术标准。

② 封釉时，漆面应干净干燥。

③ 封釉应分块进行，保证镜面釉在漆面上稍干未干的状态就进行震抛。

④ 不得在全车漆面涂抹后再进行震抛。

⑤ 封釉后，漆面上应明显感觉有硬膜的效果。

⑥ 全车封釉后，擦净车表和边角缝里的釉粉。

注意事项：

① 封釉后 8h 内切记不要用水冲洗汽车，因为在这段时间内，釉层还未完全凝结将继续渗透，冲洗将会冲掉未凝结的釉。

② 做完封釉美容后尽量避免洗车，因为产品可防静电，因此一般灰尘用干净柔软的布条擦去即可。

③ 做了封釉美容后不要再打蜡，因为蜡层可能会黏附在釉层表面，再加上釉时会因蜡层的隔离而影响封釉效果。

（二）车身镀膜操作工艺

1. 工艺流程

在车清洗干净封釉后停留 15min，等待下一步骤镀膜，如图

3-38 所示。

一次镀膜打底：按照前盖、车顶、车后盖、前车门、后车门、保险杠顺序镀膜。

（1）准备好镀膜布、2 条毛巾、镀膜剂。

（2）确定镀膜先后区域次序。

（3）逐一镀膜：摇匀镀膜剂，开始多滴点，后少滴 3～5 滴。横纵涂抹。3～5min 后感觉稍有点黏，便可以先用第一条毛巾轻轻横纵擦拭，直至漆面全部彻底光亮为止。之后进一步仔细检查是否有残留或光亮度不够，用第 2 条毛巾进一步彻底擦拭干净。

图 3-38　镀膜

经过 1h 干燥后进行 2 次镀膜强化。或者在 7 天后洗车后进行。之后在半年左右进行 3 次镀膜强化。

彻底检查后将车开至阳光下暴晒。

在镀膜后将车开至干净无风、无尘、无水的地方停放，2h 后可以开回小区用苫布覆盖 3～7 天。

2. 日后养护

镀膜过后的漆面一般半年左右维护一次，专业汽车美容店镀膜应免费维护，维护时，应先去除柏油及污渍，最后涂抹专用维护液，维护液起到补膜（因车辆使用不当导致结晶体脱落）和保护原油结晶体的作用，尽量不要抛光，因为抛光对透明漆层的损害则更大，一般 1～3 次抛光后，透明漆层将被去除，从而加速汽车变旧！造成镀膜意义全无，既浪费了金钱，又搭上了时间，还损伤了漆面！

第三节　车身漆面划痕处理

车身车漆一般分为面漆层、色漆层和底漆层三层，划痕没有完全破坏面漆层可以用抛光处理，如果面漆层完全破坏了，露出了色漆层或底漆层，就要做漆面修复或是涂装。汽车漆面划痕根据其深浅程度不同分为浅度划痕、中度划痕和深度划痕三种类型。针对不同的划痕，采取科学的工艺。

一、漆面划痕的分类

修补处理漆面上的划痕是不可避免的，汽车美容中较为主要的一项便是划痕处理。汽车美容所能处理的划痕是指漆膜损伤而未及钣金部分，即所谓的划痕修补。划痕较浅时，可通过抛光处理得以清除。但如果较深时，即使不露出底漆也不可能轻易抛光。如果操作过度，极易将漆抛掉而露出底漆。因此划痕（包括露出漆的）的修补作业非常专业。划痕修补的范围包括划伤、刮伤和擦伤。汽车漆面划痕根据其深浅程度不同分为微度划痕、中度划痕和深度划痕三种类型。如图3-39所示。

微度划痕指表层面漆轻微刮伤，划痕穿过清漆层已伤及色漆层，但色漆层未刮透；中度划痕指色漆层已经刮透，但未伤及底漆层；深度划痕指底漆层已刮透，可见车身的金属表面。

二、车身划痕修补涂料及工具

（一）常用汽车修补涂料用辅料

1. 溶剂

溶剂是将液态涂料调稀到正确喷涂黏度（即施工黏度）的挥发性液体，故又称为稀释剂，俗称稀料。每种涂料都有专用稀释

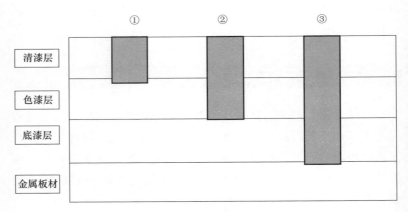

图 3-39　汽车涂层示意图

① 微度划痕；② 中度划痕；③ 深度划痕

剂，都由多种溶剂精心配制混合而成。其主要不同点是挥发速率，对漆基（各种树脂）的溶解力和调稀能力。

漆厂根据施工现场的气温或季节（冬季或夏季）推荐不同牌号或快干型标准、慢干型稀释剂。有的添加某种溶剂调整挥发速率。如某公司推荐和供应：在 35℃ 以上使用炎热气温稀释剂，25～35℃ 之间使用高温稀释剂，15～25℃ 之间使用标准稀释剂，15℃ 以下使用低温稀释剂。

各种涂料在涂装时能否正确选用稀释剂很重要。选择不当会影响稀释率和施工性能，会产生白斑、白化、失光等涂膜弊病，严重的场合会造成胶凝、分层、凝聚，产生沉渣等，甚至报废。须注意，在无正确技术指导下，一味追求选用廉价稀释剂，很可能后期造成损失而需返工。所以应该选用漆厂推荐的或配套的专用稀释剂。

匀化稀释剂是多种溶剂的特殊混合物，用来匀化或消除局部或修补喷涂接边部位的虚雾、干漆粒，故又称为驳口水。它与一般稀释剂的不同之处是挥发慢、溶解力强。

进行稀释操作之前，应仔细阅读产品标签上有关溶剂正确使用量的说明。这样就不会产生稀释不足或稀释过度的情况。表3-1中列出了如何计算涂料和溶剂的百分比与用量的关系。

表 3-1   涂料稀释比例

稀释/%	混合比	涂料用量/份	溶剂用量/份	稀释/%	混合比	涂料用量/份	溶剂用量/份
12.5	8：1	8	1	150	2：3	2	3
25	4：1	4	1	175	4：7	4	7
33	3：1	3	1	200	1：2	1	2
50	2：1	2	1	225	4：9	4	9
75	4：3	4	3	250	4：10	4	10
87	1.5：1	1.5	1	275	4：11	4	11
100	1：1	1	1	300	1：3	1	3
125	4：5	4	5				

2. 固化剂

在涂料的组成中能加速涂膜干燥（固化成膜）的物质统称为干燥剂，俗称干料。按其作用机理不同又可分为催干剂和固化剂。

如对干性油膜的氧化、聚合，起着类似催化剂促进作用的物质称为催干剂。它的用量小，参与反应后又还原为原有状态，可分为两类，即主催化剂，有钴、锰、铅、铁催干剂；助催干剂，有锌、锆、钙催干剂。催干剂是同油性涂料的组分之一，不需分装。

固化剂是参与涂膜的干燥（固化）反应，起引发、固化交联反应，用量较大，有的是成膜物质，是双组分或多组分涂料的组分之一。主料与固化剂在储运中必须分装，在使用前按规定的比例混合，混合后使用寿命短的只有几分钟，长的一般不超过 8h。汽车修补涂料要求在室温下能自干，且快干，借助于各种固化剂来使各种合成树脂涂料能在室温下快干或降低固化温度到 80℃以下，例如：双组分环氧树脂底涂料采用乙二胺、己二胺等作为固化剂；不饱和聚酯树脂腻子（原子灰）的固化剂（又称为引发剂）是酮类过氧化物，如过氧化环己酮、过氧化甲乙酮之类。采用酮类过氧化物要想在室温下引发不饱和聚酯树脂固化必须配之以金属皂类促进剂，一般是环烷酸钴。这里要特别注意的是过氧化环己酮与金属皂促进剂绝对不可直接混合，必须分别放置在两个组分中，以免发生危险。

当前在汽车修补面漆中占主流的双组分丙烯酸树脂、聚酯中的异氰酸酯的品种有 HDI 缩二脲、HDI 三聚体、异佛尔酮二异氰酸酯（IPDI）三聚体以及 IPDI-TMP 加成物质等。

注意：不要用错固化剂，一定要按漆厂推荐使用与所用涂料配套的固化剂。

汽车修补涂料和涂装用的辅料还有消光剂、纹理添加剂、皮革纹理添加剂、抛光材料、增塑剂、哑光增塑剂等。

（二）漆面划痕处理工具

1. 砂纸及百洁布

在打磨过程中使用到的砂纸有多种类型，有机磨使用的圆盘砂纸，有手工打磨用的手刨砂纸，在打磨边角时机磨砂纸和手刨砂纸都不适合使用，百洁布则可以很好地处理这些地方，如图3-40 所示。常用的砂纸型号有 80 号、120 号、180 号、240 号、320 号、400 号、500 号等，号数越大代表砂纸越细，在使用过程中要遵循砂纸选择不可跳号超过 100 的原则，避免在板件上出现严重的砂纸痕。百洁布的颜色代表其打磨能力，例如绿色相当

图 3-40　砂纸及百洁布

于约 P320 的砂纸，红色约等于 P360 的砂纸，灰色约为 P800～P1200 的砂纸。

2. 打磨机

打磨机（图 3-41）的工作原理相当简单：通过高压气驱动干磨机旋转，在对原子灰和油漆进行研磨时，旋转的吸尘电动机在干磨机工作面产生一个负压区，将干磨产生的灰尘吸入系统之内，防止灰尘对空气和环境造成污染。

其打磨头可分为双动作、轨道式和单动作。双动作打磨机按偏心距的不同有 3 号、5 号、6 号、9 号、12 号之分，偏心距越大则切削力越大，适合粗打磨。面漆前处理一般使用 3 号机，损伤的表面处理一般使用 5 号机进行打磨。轨道式打磨机适合大平面损伤的原子灰处理。单动作打磨机由于没有偏心距，更适合快速去除损伤的旧漆膜。

图 3-41　打磨机

3. 刮涂工具

在处理深度划痕时由于损伤到底材，导致底材有轻微变形，则需要刮涂些原子灰来修复损伤处的形状及填补些凹坑。这就需要用到合适的刮涂工具（图 3-42），根据操作的习惯可以选择不同材质的刮涂工具，有塑料刮刀、钢片刮刀和橡胶刮刀。

4. 喷枪

喷涂作业过程中需要用到喷枪，可将油漆均匀地喷洒在被涂物表面，喷枪按口径大小可分为底漆喷枪和面漆喷枪。按工作原理不同可分为重力式、虹吸式及压力式。现多以重力式为主，如图 3-43 所示。在喷涂时，可根据所喷油漆的不同调节喷枪的参数来达到完美效果。

图 3-42　刮涂工具

图 3-43　喷枪

三、车身漆面划痕处理工艺与操作示范

（一）安全防护

漆面划痕修复时主要涉及打磨防护和喷漆防护，如图 3-44 所示。

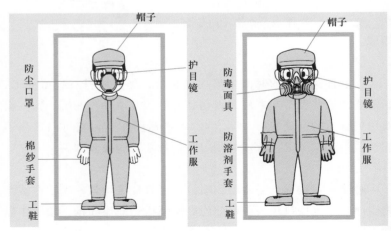

图 3-44　安全防护

（1）在损伤处理打磨时需要佩戴好护目镜、防尘口罩、棉纱

手套和工鞋。

（2）在喷涂作业和清洁除油时，需要佩戴护目镜、防毒面具、防溶剂手套和工鞋。

（二）浅度划痕的处理

对表层漆面轻微刮伤的车身，经检查未刮透面漆层，可采用下列修补工艺进行修复。

1. 清洗

首先要将面漆表层的上光蜡薄膜层油膜及其他异物除去，方法是采用脱蜡清洗剂对刮伤部位进行清洗，然后晾干，如图3-45所示。

图 3-45　洗车

2. 打磨

根据刮痕的大小和深度，选用适当的打磨材料，如 1000～1500 号的水砂纸对刮伤的表面层进行打磨。打磨一般采用人工作业，也可用研磨抛光机或打磨机进行打磨抛光（具体操作方法在抛光工艺中已述）。打磨时要注意不能磨穿面漆层，如面漆层被磨穿，透出中涂漆层，必须喷涂面漆进行补救。

3. 还原

经打磨抛光的漆面已基本消除浅度划痕，对打磨抛光作业中残留的一些发丝划痕、旋印等，可通过漆面还原进行处理。其方法是：用一小块无纺布将还原剂均匀涂抹于漆面，然后抛光至面漆层与原来的涂层颜色完全一致为止，如图 3-46 所示。

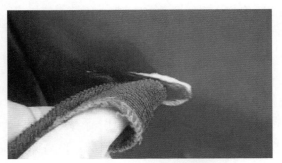

图 3-46　手工去除浅划痕

4. 上蜡

因还原后车漆细腻，易被环境中的化学物质如酸雨、油污再次污染、损坏，所以应及时进行漆面护理，简单处理可定期进行漆面打蜡养护。在上蜡时，也可将汽车整个表面同时打蜡抛光一遍，如图 3-47 所示。方法是：用洁净的棉纱将蜡质全部擦净后，再涂上光蜡，至漆膜清晰光泽显目为准。最后用绒布均匀擦拭一遍即可。

图 3-47　打蜡护理

5. 质检

上述工序完成后，对修补表面外观质量要进行检查，检查的重点是涂层的色泽必须与原漆膜完全一样，若有差异说明表面清理和打蜡抛光没有完全按照要求操作，必要时应进行返工。

（三）中度划痕的处理

中度划痕是指色漆层已被刮透，但未伤及底漆涂层，如图3-48 所示。

图 3-48　中度划痕

1. 打磨

（1）检查底漆涂层是否附着完好。

（2）对中涂层及面漆层的刮伤部分进行打磨，使之平整、光滑。

（3）对损伤部位的边缘进行修整，使其边缘不见刮伤的涂层为止，必要时可适当扩大打磨面积。如图3-49 所示。

图 3-49　打磨

2. 清洁、干燥

（1）用专用清洗剂去除打磨表面的油污、石蜡及其他异物。

（2）用烘干设备使清洗表面干燥。如图 3-50 所示。

图 3-50　清洁

3. 中涂层涂装

（1）确定施工工艺参数。根据不同的涂料确定施工黏度、雾化压力、涂装距离、干燥温度、干燥时间等参数。

（2）遮盖并施工。对不喷涂的部位进行遮盖后对损伤区域进行喷涂。如图 3-51 所示。

图 3-51　喷涂中涂底漆

（3）中涂层漆膜干燥。若修补面积不大，可采用室温自然干燥，但时间较长；一般常用远红外线干燥灯或远红外线干燥箱（反射式）进行局部干燥。如图 3-52 所示。

图 3-52　干燥

（4）中涂层漆膜打磨清洁。中涂层漆膜干燥后，用 320～400 号砂纸对补涂的漆膜进行轻轻打磨，如图 3-53 所示，使之光滑平整，用手触摸无粗糙感觉为准。打磨方法有干式打磨和湿式打磨两种。

图 3-53　打磨中涂层

干打磨时，用压缩空气吹净打磨部位，再用清洁的黏性抹布把浮灰等彻底擦净。

湿打磨时，用 320 号的水磨砂纸对修补的中涂层进行表面打磨，同样打磨到用手触摸无粗糙感为止，并用水冲洗干净，将水擦净、晾干或用压缩空气吹干，最好还是用远红外线灯箱烘干。

4. 面漆涂装

根据所修补的油漆的不同进行着色喷涂。如图 3-54 所示，

汽车美容与装饰快速入门

纯色油性漆一般喷涂两层达到遮盖即可，注意层间干燥 2～3min；金属漆一般喷涂三遍达到遮盖即可，和油性漆一样层间要有自然干燥时间；如果是水性漆则层间干燥要通过吹风筒进行吹干。

图 3-54　色漆喷涂

5. 罩光清漆涂装

在面漆喷涂完成后，按清漆产品的调配比例，调配出适合喷涂黏度的清漆进行喷涂，一般喷涂两遍，层间要有闪干时间，让溶剂挥发一些。在第二遍清漆喷涂完毕后，要达到原车漆应有的光泽度和饱满度才可，如图 3-55 所示。

图 3-55　清漆喷涂

6. 抛光上蜡

抛光打蜡的操作方法是：先用棉布、呢绒、海绵等浸润抛光剂，进行抛光，然后擦净。再涂上光蜡，并抛出光泽。如图3-56所示。

图 3-56　抛光

（四）深度划痕处理

深度划痕又称创伤划痕，是因汽车碰撞、刮擦等而造成的车身局部损坏、板面变形、破裂等创伤。如图 3-57 所示，涂层已严重损坏，属于深度划痕。

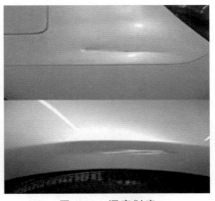

图 3-57　深度划痕

对深度划痕首先应清除损伤板面的旧漆层，用钣金或焊装等方法，修复好已损伤车身的板面，达到与原来的形状尺寸轮廓相等要求，然后进行修补涂装。

其工艺方法如下。

1. 表面处理

（1）损伤处理，用打磨机配合 80～180 号砂纸打磨，形成羽状边，用铲刀、钢丝刷等清除表面涂层、铁锈、焊渣，焊口较大处用砂轮打磨平整，清除底层表面锈蚀和杂物。如图 3-58 所示。

图 3-58　损伤处理

（2）用溶剂将划痕处清洁擦干。

（3）涂上一层薄薄的防锈底漆。

2. 刮涂腻子

（1）将原子灰和固化剂充分搅拌后覆盖刮涂在金属层上。根据损伤深浅进行多次薄挂。如图 3-59 所示。

（2）原子灰干燥后，通过 80～240 号干砂纸将原子灰打平，修复其轻微变形。

图 3-59　刮涂腻子

（3）清洁除油。

3. 喷涂中涂层

（1）将不喷漆的地方用专用胶纸遮盖。

（2）先用喷枪轻轻地喷上两道底漆，然后再喷第二层较厚的底漆，并使其干燥。

（3）用 320～500 号砂纸将底漆磨平，再用溶剂擦净。

4. 喷涂面漆

（1）喷面漆。选用与原车色漆配套的面漆，按原车颜色调，并调至符合施工要求的黏度，经过滤后再进行喷涂施工。每喷涂一遍之后，应有涂膜需要的流平时间，然后再一遍一遍地进行喷涂，直至达到遮盖。如果喷涂的是金属效果漆，则要注意金属颗粒排列的效果。

（2）罩清漆。在面漆喷涂完成后，按清漆产品的调配比例，调配出适合喷涂黏度的清漆进行喷涂，一般喷涂两遍，层间要有闪干时间，让溶剂挥发一些。在第二遍清漆喷涂完毕后，要达到原车漆应有的光泽度和饱满度才可。喷后流平性要好，以便第二天易于抛光打蜡。

（五）轻、中度划痕处理技巧

轻度划痕（俗称"发丝"划痕），这种划痕在阳光下可隐约看到，但用手指尖横向触摸无沟痕，如图 3-60 所示。通常由清洗车辆和行车中的沙石刮擦所致。而中度划痕则是那些可以在阳光下清晰可见，用手指尖横向触摸有沟痕，但没有露出金属或底漆的损伤，通常由车辆轻微刮蹭或坚硬物体擦伤。

对于轻度划痕，只要准备一块材质柔软的擦车毛巾，先将划痕局部尘土污物擦拭干净，然后蘸上少许划痕蜡乳液，沿划痕方向反复擦拭，这些细微的划痕就可以很轻松地清除了。如果手边没有划痕蜡，牙膏也可以帮助我们解除燃眉之急，其原理和打蜡差不多，因为牙膏中也有研磨成分，可以去除一些轻度划痕。

汽车美容与装饰快速入门

　　中度划痕的修复如果要求不是很高，面积又不大，建议可以用点漆笔进行修复，如图 3-61 所示，或者女孩子用的颜色接近的指甲油也可应急，等到划痕增多面积增大时通过一次性标准修复，更划算。

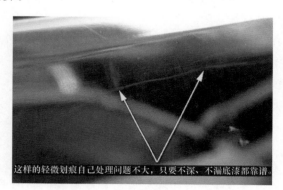

这样的轻微划痕自己处理问题不大，只要不深、不漏底漆都靠谱。

图 3-60　轻度划痕

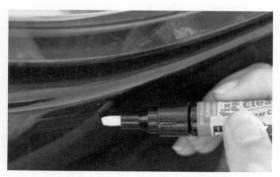

图 3-61　点漆笔修复划痕

第四章

汽车内饰美容与装饰

汽车内饰美容包括汽车内室、发动机室清洁与护理等美容项目。内饰美容是一项系统的、细致的清洁护理作业项目。因此，既要明确施工项目的内涵，又要遵循严格的操作工艺流程，保证作业质量，提高服务水平。

第一节 内饰清洁设备及用品

汽车内饰材料种类繁多，起到防护和美化的作用，常见有真皮、皮革、橡胶、塑料、纤维和实木等，这些材料受到空气、汗液、呼出气体和污垢等污染后，容易产生难以清除的污垢，甚至散发异味，要及时进行清洁和护理，确保驾驶和乘坐环境的清洁、清新和卫生。针对不同的车内饰品和材料，采用的清洁方式和用品也有很大的不同。

汽车内饰系统是汽车车身的重要组成部分，而且内饰系统的设计工作量占到车造型设计工作量的 60％以上，远超过汽车外形，汽车内饰主要包括以下子系统：仪表板系统、副仪表板系统、门内护板系统、顶棚系统、座椅系统、立柱护板系统、其余驾驶室内装件系统、驾驶室空气循环系统、行李箱内装件系统、发动机舱内装件系统、地毯、安全带、安全气囊、方向盘，以及车内照明、车内声学系统等。

一、内饰清洁护理的必要性

（一）美化车室环境

车室环境对驾乘人员会产生重要的生理及心理影响。通过对室内除尘、内饰清洁使车室空间保持清新和整洁，给驾乘人员营造一个温馨、美观的乘坐环境。

（二）净化车室空气

据统计，在人体呼出的气体中，至少存在 25 种有害物质，例如二甲胺、酚类、苯类、四氯乙烯以及各种细菌。加上人体排泄出的汗液，鞋、袜、衣服等散发出的不同气味，人在谈话、咳嗽和打喷嚏喷射出来的唾沫，都不同程度上加重了车内空气的污染。我们所熟悉的"新车味道"中也充满了塑料、泡沫、胶黏剂及地毯散发出来的挥发性有机化合物及其他污染物，其危害也极大。

二、车内污染物的主要来源

（一）车内空气污染源（图 4-1）

（1）新垃圾——灰尘、烟灰烟蒂、吃剩下的食物、宠物毛、雨雪天气的泥土、过期食物等。

（2）挥发性的有机溶剂——"新车气息"：这些气味会引发一些急性或慢性的病症。

（3）可吸入颗粒物——直径小于 $10\mu m$，侵害人体的呼吸系统，诱发肺病。

（4）噪声污染——嗡嗡、隆隆，松动，共振，杂物。

汽车发动机产生的尾气及其他大气污染，交换至车内后，均会使车室内的空气质量下降。

车用空调蒸发器长时间不进行清洗护理，就会在其内部附着大量污垢，所产生的胺、烟碱和细菌等有害物质弥漫在车内狭小的空间里，导致车内空气质量变差，甚至缺氧。另外霉菌在汽车通风系统内长年存在，这个问题在潮湿气候条件下运行的空调中尤为突出。

人体自身的污染。当空气中 CO_2 浓度达到 0.5％时，人就会出现头痛、头晕等不适感。车内空间较小，更容易造成污染。

图 4-1　车内空气污染源

（二）车内污垢

1. 车内污垢的种类

（1）水溶性污垢。水溶性污垢主要包括糖浆、果汁中的有机酸、盐、血液、黏附性的液体等。

（2）非水溶性固体污垢。常见的非水溶性污垢包括泥、沙、金属粉末、铁锈或霉菌、虮虫等。

（3）油脂性污垢。常见的有润滑油、漆类产品、油彩、沥青、食物油等。

2. 车内污垢的演变

（1）黏附。黏附是指污垢会在重力作用下停落或黏附在物件的表面。当有压力或摩擦力产生时，污垢也会渗透物件的表层，变得难以去除，如汽车玻璃及表台上的灰尘。

（2）渗透。渗透是指饮料或污水会渗透物件的表层，被物件所吸收，以致很难清除。如车门内饰板、后挡台、脚垫上的饮料或血渍。

（3）凝结。黏性污垢变干凝固后，会紧紧粘贴在物件表面，如汽车内饰丝绒脚垫或地毯表面的轻油类污垢。

三、汽车内饰及内部装置的清洁

（一）清洁地毯

汽车里面最容易脏的就是地毯，汽车本身自带的地毯基本是和汽车一体的，不容易拆下来清洁，最好在汽车内放置活动的脚垫。如果脚垫不太脏的话，拿到车外拍打就可以了。如果使用毛刷头的吸尘器进行吸尘处理的话，可以使较脏的地毯看上去不那么脏乱。对于特别脏的地毯就只能动用洗涤剂了，在洗涤前先进行上述两项除尘工作，然后喷洒适量的洗涤剂，用刷子刷洗干净，最后用干净的抹布将多余的洗涤剂擦净就可以了。

（二）清洁座椅

座椅沾上脏东西的时候，建议使用长毛的刷子和吸力强的吸尘器的吸口把污物吸出来。对于不同材质的座椅，使用此方法都有很好的清洁效果。

（1）座椅上脏物的清除。首先，应用毛刷子清洗较脏的局部，比如较大的污渍、垃圾等；然后，用干净的抹布蘸少量的中性洗液，在半干半湿的情况下，全面擦拭座椅表面，特别要注意的是，抹布一定要拧干，防止水分浸湿座椅。

（2）血迹的清除。若座椅和地毯上沾有血迹，千万不能用肥皂或热水去清除，因为血液一碰到肥皂或热水就会凝固，可及时用湿冷的抹布擦拭，并在血迹处滴几滴阿摩尼亚（氨水），等几分钟后，再用沾有冷水的抹布擦拭干净。

（3）染色剂的清除。在车内吃番茄酱等酱类食品时，如不慎污染了座椅或地毯，或不小心将口红等染色剂印在座椅上，可用冷水浸湿的抹布擦拭，或用海绵轻轻擦除，再用泡沫清洁剂清洗。千万不能用肥皂或热水来清洗咖啡、可乐、冰淇淋等饮料留下的污点，因为肥皂和热水会将痕迹固定在座椅表面，只能先用抹布浸上冷水擦拭，再用泡沫清洁剂清洗。

（4）尿渍的清除。如小孩将尿撒在了椅套或地毯上，可先用热的肥皂水浸湿抹布擦拭，再用1:1的氨水和冷水溶液，将抹布浸湿后覆盖在尿湿的地方，几分钟后拿走抹布，再用湿布擦净。处理呕吐物是一件讨厌的事情，但不能不尽快处理。发生这种情况后，应首先用纸巾把呕吐物水分吸干，然后清除固态物质，再用温肥皂水浸抹布擦拭一遍，最后用苏打水溶液将抹布浸湿后擦拭干净即可。

（三）清洁方向盘

方向盘因为经常用手握，很容易弄脏，如果粘手就会影响驾驶心态，只要用水擦拭就可以了。如果再加一点清洁剂更加容易去污，但要注意用水擦洗干净。

汽车方向盘的材质大致分为三种：氨基甲酸乙酯、皮革及木质。其中大部分是氨基甲酸乙酯，很容易去脏污。高级车中用皮革的很多，很难去掉脏污，脏污如果不清洁干净，就会慢慢变得难以清洁，皮革易变色。必须注意，木材表面进行了树脂处理，脏污很容易脱落，木材变旧后，有时树脂会产生裂痕。

（四）清洁排挡杆

车子的排挡杆也非常容易脏。大部分排挡杆操纵手柄是用树脂制作的，用干净毛巾或喷上中性清洁剂后擦拭很容易去掉脏污。

（五）清洁手刹车的手板

手刹车的手板也非常易脏，其底部有许多灰尘，应擦拭干净。

（六）清洁中央控制台

需要使用的工具有干净的抹布、中性清洁剂和水，切忌用湿抹布擦拭。

手经常接触中央控制台，而手上的油渍就会沾染到中央控制台上，所以一定要用中性清洁剂才能洗得干净。要注意的是选择清洁剂种类时最好斟酌一下，劣质清洁剂会使塑料褪色，若是使用不当的话，有可能导致中央控制台的颜色脱落。如果是防静电型塑料专用清洁剂效果会好一些。

清洁中央控制台时还要准备一些棉签，因为中央控制台的形状五花八门，常常会有一些细缝用手无法清洁，此时棉签就派上用处了。当然如果备有一个小型空气喷枪的话就更好了。

清洁仪表板一定要用柔软的抹布和专用清洁剂，这样可以避免把仪表板给擦花了。

其他不太引人注意的部位也需要注意清洁：门侧靠手凹槽往往被顺手用作垃圾槽，可拿一块硬海绵，再蘸上万能清洁剂来擦。角落部位可用牙刷清理，然后等其干透。

（七）清洁安全带

安全带太脏，使用时易弄脏驾驶员衣服甚至影响其功能的发挥。清洗时不必拆下安全带，先用淡肥皂水擦洗，然后用清水洗净。洗净后不要立即卷带，应在阴凉处晾干。

注意：不宜使用强洗涤剂、漂白粉和化学清洁剂，也不允许将安全带放在阳光下暴晒。

（八）清洁行李箱

行李箱是一个"垃圾站"，可先用吸尘器吸去浮土，然后用地毯清洗剂清洁底部垫板，待其干透，再将东西放回行李箱；同时，也别忘了照顾一下行李箱盖，让它也随时能旧貌换新颜。

四、汽车内饰清洁工具设备

现在汽车内室美容必需的设备主要有蒸汽清洗机、脱水机、吸尘器和地毯清洁机等。

（一）蒸汽清洗机

蒸汽清洗机在清洗过程中主要是通过高温蒸汽对汽车内室部分进行清洗，主要是对丝绒、化纤、塑料及皮革等不同的材料进行蒸汽清洗。蒸汽清洗机不仅具有很强的除去污物的功能，而且还具有杀菌消毒的作用，在清洗汽车内室中可以清除顽固的污渍、油污，完全地消除细菌、螨虫、微生物和一些病原体，还有就是对去除异味具有很强的清洗作用，用完之后能使皮革恢复弹性、丝绒化纤还原至原有的光泽，是汽车内室美容必需的设备。如图 4-2 所示。

（二）泡沫清洗机

泡沫清洗机是一种可产生用于清洗的泡沫的设备，适用于车身的日常清洗和汽车内室丝绒织品、座椅等的清洗，是专业汽车美容的必备设备，如图 4-3 所示。

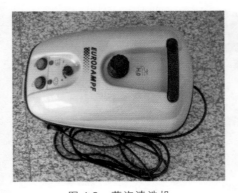

图 4-2　蒸汽清洗机

图 4-3　泡沫清洗机

（三）汽车美容专用脱水机

汽车美容专用的脱水机是滚筒式的，启动时会旋转，所以当需要脱水的东西在脱水机内部进行脱水时，因为滚筒的旋转，使需要脱水的东西中的水分被脱离掉，使之达到脱水的效果。脱水机的功率偏大、负载重、脱水效果好、安全，也还平稳。比如座

图 4-4　汽车美容专用脱水机

套、地毯和比较柔软的东西都可以用它来脱水。如图 4-4 所示。

（四）汽车内饰吸尘器

吸尘器顾名思义就是将外界的杂尘吸进去，它是进行汽车内饰清洁时非常重要的设备之一。汽车内室虽然不是很大，但是里面的结构和布置都很复杂，不是很方便于清洁、吸尘。但是汽车内饰吸尘器的吸口比较小，可以很方便地将内壁、地毯、座椅和小缝隙中的灰尘吸出来。如图 4-5 所示。

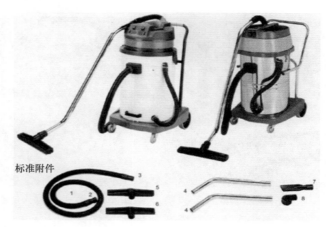

图 4-5　内饰吸尘器

吸尘器的分类如下。

（1）专业型：吸尘吸干机，功率大，吸力强，具有吸尘、吸水及吹干三大作用，适用于汽车专业美容。

（2）家用型：吸力不小，但防水性能差，遇水易短路。

（3）便携型：体积小，功率小，使用方便，一般是使用车上电源。

（五）高温蒸汽消毒机

高温蒸汽消毒机具有以下功能：杀菌及除臭功能；用于去污、配合清洗剂能较彻底地清除污渍；去除车身外部塑料件表面的蜡迹；能使皮革恢复弹性、丝绒化纤还原至原有光泽。

高温蒸汽消毒机利用电能加热，使机内的水变成高温高压水蒸气，喷射到内室各个部位，利用高温高压的水蒸气的作用，从而达到消毒和去污的目的。如图4-6所示。

图4-6　高温蒸汽消毒机

五、车内内饰常见清洁用品

许多车主在自己清洗时，常常是用含水分的清洁剂，时间久了，则湿气就会使车内的真皮座椅、仪表盘、门板等多处发霉、变硬、褪色甚至龟裂，而那些不是真皮的丝绒就会发霉收缩，直至最后脱落，因为还有水分的缘故而滋生各种细菌。日积月累，那些积累下来的污物还会导致冷风口和暖风口堵塞，最后发出令人恶心的异味。针对这些油性和水性的污物，市场上有很多真皮、塑料、丝绒等专用的清洁保护剂，这些保护剂不仅仅有美容的功效，还有防污抗尘、防水、杀菌和除臭等的作用。不仅如此，专用的皮件、塑件上光翻新保护剂，更能令皮革、塑料恢复原来的光泽，犹如新车一般，并且还可以在表面形成一层非常具有保护作用的膜，防止老化。通过清理、吸尘后，采用专用的保护剂或者是干洗护理液擦拭与清洁车室、地毯、脚垫及座套等，再喷清洁剂和消毒的高温蒸汽，这样就可以使车子焕然一新了。

（一）车内仪表板清洁剂（图 4-7）

1. 主要特性

（1）保持车内真皮制品和人造皮革原有的光泽。

（2）减少空气中的灰尘和污渍对车内制品的污染。

（3）使车内具有各种的芳香气味。

（4）使汽车在使用后不会对涂面造成破坏。

图 4-7　仪表板清洁剂

2. 使用的方法

（1）将车内仪表板清洁剂类液体均匀地涂抹于物体的表面。

（2）用清洁软布或者海绵轻轻地将其擦拭去。

3. 使用的范围

对于车内仪表板的清洁剂主要适用于车内外各类合成的橡胶、塑胶、真皮等等制品，如车门、仪表板、皮椅和皮包等。

4. 使用时的注意事项

（1）仪表板清洗剂这一类的产品大多数都是易燃的，不能将其直接与明火或者放在易燃地带。

（2）不能将其喷涂在驾驶的转向盘、座椅支撑处部位。

（二）全能泡沫清洁剂

全能泡沫清洁剂，如图 4-8 所示，强力去污，具有超强的深层清洁效能，洁标兼洁本，内含高科技抗菌剂，能在物品表面形成持久的抗菌保护层；安全无磷配方，生物降解性好，不会污染环境，利小家益大家。

1. 主要特性

泡沫细腻、气味芬芳，让劳动更快乐；中性温和配方，不伤皮肤；泡沫非常多，去污渍的能力很强，且能迅速分解油污并能清除油污。

2. 使用方法和适用范围

这种泡沫清洁剂最好是用手工清洗和擦拭，一般用于清洗车内皮革、绒毛、仪表板、转向盘和车内侧等部位。

（三）皮革上光护理剂

真皮保护剂如图 4-9 所示，可以使皮革制品表面变得更柔软光滑，将皮革老化的时间延长，并且提高光泽度。

图 4-8　全能泡沫清洁剂

图 4-9　真皮保护剂

1. 主要特性

它里面含有一种能滋润皮革和塑料的聚合物，就是这个聚合物能在皮革和塑料的表面形成一层保护膜，这个保护膜可以增加皮革和塑料的光泽度，还有抗老化的作用。适用于皮革座椅、仪表板和车门内侧等部位。

2. 使用的方法

将真皮保护剂均匀地喷洒在需要清洗的皮革表面，等一会儿就可以用软布轻轻地将其擦拭掉。

（四）仪表板护理剂

仪表板护理剂如图 4-10 所示，用于乙烯基表面的护理和翻新，能及时光亮和湿润通道孔等表面，使用之后可以在这些表面形成一层很有效的保护膜，并且可以长期保持柔和的光泽，使汽车内部看上去更舒服。

图 4-10　仪表板护理剂

（五）汽车玻璃护理剂

常见汽车玻璃护理剂有汽车玻璃清洗剂、汽车玻璃防雾巾、汽车玻璃防雾剂、汽车玻璃抛光剂、汽车玻璃防雨剂，其特性及使用方法见表 4-1。

表 4-1　汽车玻璃护理剂特性及使用方法

汽车玻璃清洗剂	汽车风挡玻璃专用清洗剂，具有高效去污力、抗静电及防雾、防冻、除冰霜功能，最低使用温度可达 − 25℃；防止玻璃光芒现象，保护玻璃免受大气侵蚀
汽车玻璃防雾巾	用喷壶把玻璃喷湿，等 1min 再用毛巾轻轻一擦，防雾能保持一星期左右

汽车玻璃防雾剂	清除玻璃上的水雾,还能在玻璃上形成一层薄薄的保护膜,防止水雾的形成。玻璃喷一次除雾剂,效果大约能持续5~10天
汽车玻璃抛光剂	具有深度清洁能力,可轻易清洁灰尘、油脂、烟油、指痕、交通膜、虫尸和鸟粪等,能覆盖玻璃表面的细小刮痕,使玻璃产生水晶般的夺目光泽。不含硅和蜡的成分,用后留下一层超平滑的保护膜,能减少雨刷的磨损和跳动
汽车玻璃防雨剂	它是利用纳米材料的疏水原理,让雨水在汽车玻璃表面无法形成水膜,提高了雨刷的使用效率,大大提高了大暴雨时的行车安全。防雨剂形成的膜覆盖在玻璃表面,厚度只有几纳米到十几纳米,并与玻璃牢牢结合,完全不影响玻璃的光学性能,而且十分耐磨,能承受雨刷的摩擦而不脱落

(六) 水晶内饰清洁剂 (图 4-11)

1. 性能特点

(1) 不渗透性。

(2) 高效除垢。

(3) 安全环保。

2. 适用范围

主要用于汽车内饰化纤、木质、皮革、布艺、丝绒、工程塑料 (如仪表台、顶棚等) 等制品的日常清洁。

3. 使用方法

先将产品充分摇晃均匀,以雾状喷于待清洁物体表面,然后用干毛巾擦拭均匀,稍后抛光擦干即可。

图 4-11 水晶内饰清洁剂

六、车内内饰清洁护理工艺与操作示范

(一) 设备使用

1. 蒸汽清洗机的使用方法

蒸汽清洗机不仅具有较强的去污功能,而且还具有杀菌消毒

的作用，可以清除顽固的污渍、油渍，完全消除细菌、螨虫、微生物及病原体，特别是对带有异味的污垢有很强的清洗作用，能使皮革恢复弹性，使丝绒化纤还原至原有光泽，是汽车内室美容的首选设备。

蒸汽机的使用方法如下。

（1）注水。在使用之前要往蒸汽机里面注入 0.6～1.5L 的水，在注入水时需利用量筒或者漏斗之类的量器。然后插上插头。

（2）开启开关按钮。预热 10min 左右，等到工作指示灯亮了以后才可以使用。在使用的时候要根据清洗的部位选择合适的蒸汽喷头和温度，然后对准需要清洗的部位启动蒸汽清洗机就可以清洗了，如图 4-12 所示。

步骤一：加液，盖拧紧　　步骤二：调整温度压力　　步骤三：加热开关

图 4-12　蒸汽机的使用方法

（3）清洗。选择适合内室结构的蒸汽喷头，并用半湿毛巾包裹，选择合适的温度，然后将蒸汽喷嘴对准需清洁部位，按动蒸汽扳机即可进行清洗，如图 4-13 所示。

（4）关机。关闭清洁机时，先松开扳机，然后切断电源即可。

2. 泡沫清洗机的使用方法

（1）注水。打开泡沫清洗机球阀，加注洁净清水。如图4-14所示。

（2）加清洗剂。加足水后，按照比例加入清洗剂，然后关闭球阀。如图 4-15 所示。

图 4-13　蒸汽机清洗

图 4-14　注水

图 4-15　加清洗剂

（3）调节气压。打开气阀，将气压表的压力调至 0.2～0.4MPa。如图 4-16 所示。

（4）喷射泡沫。打开泡沫清洗机的喷射阀，喷出的清洗液呈泡沫状，让泡沫均匀覆盖在清洗物面上。如图 4-17 所示。

图 4-16　调节气压

图 4-17　喷射泡沫

（5）擦拭。用干净海绵擦拭物面，再用干净毛巾擦净即可。

3. 消毒机操作方法

清洗前，首先将续水门打开，注满清水，盖好后开机预热 10min 左右，待使用指示针指向绿色区域表明压力达到，可以进行熏蒸操作。因蒸汽温度很高，可达 130℃，所以操作时应根据不同材料的部件选择不同的温度，以免损伤部件，并用半湿毛巾包裹适合内室结构的蒸汽喷头使用。

（二）汽车内室的清洁护理

汽车内室的护理原则简单概括为掸、吸、洗、擦，如图4-18所示。

汽车内室清洁的注意事项如下。

（1）使用适当的清洁剂。

（2）切勿随意混合或加温使用内饰清洁用品。

（3）使用不熟悉的产品应先测试。

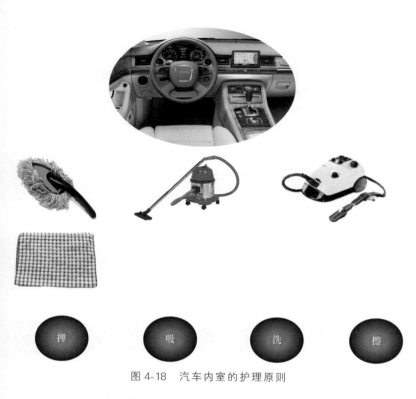

掸　　　吸　　　洗　　　擦

图 4-18　汽车内室的护理原则

（4）不要用水冲洗车身内部。

（5）车饰件上有特殊的污渍应选用专用清洁剂进行清洗。

（6）清洁作业时，擦拭方向要求后期只能单向运动，以便保持光线漫射面一致。

（7）如有需要，可对清洗过的较难干燥的饰件进行烘干处理，有利于防止发霉。

第二节　汽车室内装饰及护理

为了提高驾乘的舒适度和美化空间环境，对汽车内部进行改装、加装、更换、配备和装饰，譬如车门包真皮座椅和铺装地板等项目。正确地选用装饰材料和装饰项目，进行必要的护理，不仅能够营造温馨、美观和舒适的车内环境，同时也不破坏和影响驾驶的操控性能和安全性能。

一、汽车内饰装潢

汽车内部包括驾驶室和轿车、客车的车厢，是司乘人员在汽车运行中的生活空间。汽车内部装饰是对车内篷壁、地板、控制台等外表面，通过加装、更换面料及放置饰品等方法改变其外观，以营造温馨、舒适的车内环境。

（一）汽车座椅装饰

汽车座椅是重要的舒适性装置，汽车座椅类型多样，应根据具体需要来进行选择。针对儿童乘车安全问题，汽车生产厂家设计出专门的儿童座椅来解决这一问题。汽车真皮座椅是汽车档次的一种体现，因此，真皮座椅改装是汽车内部装饰的重要组成部分。汽车座椅装饰种类多样，不同类型有不同的装饰特点，在了解每种类型座椅结构的基础上，掌握座椅装饰的工作流程。汽车真皮座椅装饰技术难度高、市场前景广，因此本部分重点介绍真皮座椅的装饰，如图 4-19 所示。

图 4-19　汽车座椅

1. 真皮座椅的优点及缺点

真皮座椅与其他座椅相比有以下几个优点：

（1）提高汽车内部装饰的档次，让汽车的内饰在人们的视觉上和触觉上，甚至味觉上，都有一个较好的心理感受。

（2）真皮座椅不像绒布、纺织品装饰的座椅那样极易变脏，最多也只是灰尘落在其表面上，不会堆积在座椅的较深处而不易清洗。

（3）真皮座椅的散热性比绒布或人造革座椅要好，在炎热的夏日，真皮座椅能让人感到只是表面较热，轻拍几下，热气很快消失。

真皮座椅与其他座椅相比有以下几个缺点：

（1）使用时必须小心，以防尖锐物品划伤座椅的真皮表面。

（2）真皮座椅在受热后易出现老化现象，如果护理不当，易过早失去光泽甚至开裂。

（3）真皮座椅在乘坐时，要比纺织品面料的表面光滑一些，为此有的厂家在真皮表面压制出图纹花样，光滑性将会有所改善。

（4）真皮座椅比其他材质的座椅要贵很多，对座椅进行装饰时要量力而行。

2. 真皮的鉴别方法

（1）按压法鉴别。对已做好的座椅，可用按压法进行质量鉴别。具体方法是：伸出食指，按压在座椅的表面，压住不放手，若是有许多细微的皮纹向手压处伸去，则表明座椅表皮是用真皮制作的；如果按下去以后，座椅表面没有细微的皮纹向手压处伸去，则说明座椅的表皮材料不是真皮的，而是人造革制作的。

（2）延展性法鉴别。如果是定做装饰，可在制作的装饰店找出制作时的边角料进行检查，如果制作座椅材料的边角料延展性能很好，还有较好的弹性，即拉边角料时，伸展较长，而不用力拉时，它还能缩回去一部分，则说明该材料是人造革的，因为真皮的延展性差，回弹性也差。

（3）燃烧鉴别法。用制造座椅表层的边角料进行燃烧，看其燃烧时的现象。人造革的主要原料是塑料，很容易燃烧；而真皮是不易燃烧的，特别是真牛皮更是很难燃烧。

（4）断面形状鉴别法。对边角料的断面形状进行仔细观察，真皮材料的断面表层结构紧密，可见毛孔，内层较粗糙一些，可见一些很细的纤维状的层纹，纤维细绒不易拉出。而人造革，特别是仿皮革，表面层光滑细密，无毛孔，而内层也较粗糙，有的纤维用夹子夹住可拉出，可见断面整齐的切断状，比真皮的纤维粗而长。在鉴别时，可根据实际情况，综合选用上述方法，一般就能够把假货鉴别出来。

3. 皮革常见的质量问题和缺陷

（1）松面。将皮革革面向内弯曲 90°，粒面上出现较大的褶皱且放平后不消失，即为管皱，管皱是严重的松面。

（2）裂浆、掉浆和露底，如图 4-20 所示。一手将皮革按牢，一手拉伸革面或用钥匙的把从里向外顶革面，并来回划动，若粒面上出现裂纹，即为裂浆。而仅呈现底色时称为露底。涂层从革面上脱落称为掉浆。造成裂浆、掉浆或露底的原因，是涂层的延伸性和皮革的延伸性不一致，涂层材料使用不当，涂层配方不当或涂层过厚。

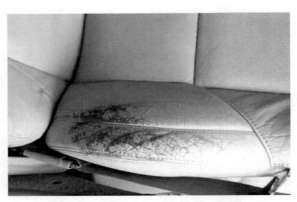

图 4-20　真皮座椅裂浆、掉浆和露底

（3）涂层耐干、湿擦性不好。涂层经干擦拭、湿擦拭试验后产生掉色现象。主要原因是涂饰剂中含有的颜料过多或颜料颗粒粗等。

（4）色花。皮革面上出现颜色浓淡不一致或色调不相同的现象称为色花，主要原因是绒革因染色不均造成，正面则是涂饰不均造成的。

（5）冒油霜或盐霜。皮革面上形成的粉状油脂渗出物叫油霜。尤其在天气较冷的情况下更易形成油霜，且擦去后不久仍出现。这是因原料皮本身含有的高熔点硬脂酸等脂类物质没有除净或加脂剂中含有较多的这种物质。在皮套的干燥或放置过程中，有时粒面上会出现一层灰色霜状物，称为盐霜，是皮革在中和后未经充分水洗，其中含有大量的可溶性盐渗出所致。

（6）涂层发黏。用手摸革面时会有黏手的感觉，或将革面相对折叠，在分开时发出黏结声，则为涂层发黏。主要是软性树脂用量过多造成的。涂层发黏的皮革容易吸附灰尘。

（7）僵硬或软而无弹性。一是由于使用时间过长，皮革内油脂溢失较多或皮革自然老化；二是水浸或洗涤不当，晾干后变硬；三是上光打蜡或上浆上色的材料不当或涂层太厚；四是粒面吸收太强或粒面磨损，以前翻新时吸收浆料太多。

（8）粒面粗皱。皮革制造中的质量问题及缺陷都会出现在新的皮椅或其他皮件上，而使用后的皮面，除了上述质量问题及缺陷外，大都会加重潜在缺陷和增添新的损伤。

（二）坐垫与枕垫（图 4-21）

坐垫是置于座椅之上，用于提高座椅舒适性和耐磨性的一种装饰。枕垫是根据需要置于乘员的头部、颈部、腰部等部位，用于改善局部部位舒适性的一种装饰。汽车坐垫与枕垫的使用可减缓汽车颠簸产生的振动，减轻乘员旅途疲劳。夏季使用的硬塑料或竹制品坐垫具有良好的透气性，给人以凉爽的感觉，有降温消汗的功效。保健坐垫和枕垫可通过振动按摩或磁场效应，改善乘员局部新陈代谢，促进血液循环，消除紧张疲劳，达到保健的目的。

图 4-21　坐垫和枕垫

1. 汽车坐垫与枕垫的分类

（1）汽车坐垫的分类

① 柔式坐垫。柔式坐垫主要由棉、麻、毛及化纤等材料制成。棉麻混纺坐垫具有透气性能优良、韧性强、易于清洁护理等特点；棉毛混纺坐垫具有柔软、舒适、透气性能好等特点；化纤混纺坐垫透气性好、价格低，但容易产生静电。

② 帘式坐垫。帘式坐垫主要由竹、石和硬塑料等材料制成小块单元体，然后将单元体串接成帘状制成的坐垫。这种坐垫具有极好的透气性，是高温季节防暑降温的佳品。

③ 保健坐垫。保健坐垫是根据人们的保健需要而制成的高科技产品，当汽车颠簸振动时可起到自动按摩的效果，如电动按摩坐垫等。电动按摩坐垫具有振动、加热的功能，可以按摩臀部、背部和颈部的肌肉，促进血液循环，起到良好的保健作用。

（2）汽车枕垫的分类　汽车枕垫是根据需要置于司乘人员的头部、颈部、腰部等部位，用于改善局部舒适性的一种装饰。其作用主要是对人体的头部、颈部、腰部进行柔性支撑，从而缓解疲劳，增强舒适性，创造良好的乘车环境。汽车枕垫按使用部位的不同分为颈枕（或头枕）和腰枕，如图 4-22 所示。

图 4-22　汽车枕垫的种类

2. 汽车坐垫与枕垫的选用

（1）根据气温条件选用。当气温不高时应选用柔式坐垫，利于保温，并提高舒适性；高温季节应选用帘式坐垫，便于防暑降温。

（2）根据汽车档次选用。中高档轿车可选用材质极好的纯毛坐垫或保健坐垫，另外中高档轿车空调效果较好，高温季节也不必使用帘式坐垫，以提高乘坐的舒适性。

（三）仪表板装饰

仪表板是驾驶员获取汽车行驶参数的窗口，因此仪表板装饰应在不影响仪表板使用功能的前提下，尽量提高仪表板的观赏程度。进行仪表板装饰，首先要了解仪表板装饰的分类、仪表板装饰的功能要求，保证仪表板装饰的实用性。桃木在中高档汽车仪表板装饰中被大量使用，但应注意木质材料的选择。真皮装饰仪表板在汽车内部装饰中也很流行，与真皮座椅装饰相辅相成，但仪表板真皮装饰有自己的工作步骤和注意事项。

1. 仪表板的结构

汽车仪表板是汽车上的重要功能件与装饰件，是一种薄壁大体积件，上面开有很多安装各种仪表用的孔和洞，是各种仪表、信号和操作开关的集合处，是汽车操纵与显示的集中部位，也是汽车内部最大、最复杂的总成之一，同时也是车内最引人注目的主要装饰件。在行车过程中，一方面，设计好的仪表板能为驾驶员方便、安全地提供各种信息，使驾驶员得心应手；另一方面，仪表板也体现了汽车的个性和风格，如图 4-23 所示。

图 4-23　仪表板的结构

现代轿车仪表板总成一般分成两部分。一部分是指方向盘前的仪表板和仪表罩及平台；另一部分是指司机旁通道上的中控台。其中，仪表板是安装指示器的主体，集中安装了全车的监察仪表，通过它们揭示出发动机的转速、油压、水温、燃油储量、灯光和发电机的工作状态、车辆的现时速度和里程积累等。有些仪表还设有变速挡位指示、计时钟、环境温度表、路面倾斜表和地面高度表。按照目前流行的款式，现代轿车大多将空调、音响等设备的控制部件安装在中控台上，以方便驾驶者操作，同时使整车布局紧凑合理。

2. 仪表板的种类

根据材质不同，仪表板可以分为金属仪表板、塑料仪表板、复合材料仪表板。

（1）金属仪表板。金属仪表板主要用薄钢板或铝合金板冲压而成，如图 4-24 所示，常在轻型货车、小型货车和大货车、客车上使用，可分为整体式和组合式两种。

图 4-24　金属仪表板

　　整体式仪表板基本上属于中型或小型，形状也不太复杂，可用冲压技术制造出来。冲压成形的仪表板，当主体完成后，应在表面进行防锈、防腐蚀喷涂处理，以提高其装饰性。这类仪表板绝大部分均在表面粘贴一层皮革或纺织物，以此来装饰仪表板。

　　组合式仪表板的整体较大，有的形状也比较复杂，为了便于生产制造，采用分块式生产，然后再焊装为一体。

　　（2）塑料仪表板。塑料仪表板的使用寿命比金属仪表板稍短，不耐高温，质感较好。除能满足一定使用功能外，还能使人感觉舒适美观，多用于轿车，是汽车内饰用材的发展方向。根据仪表板总成的主体结构，同样可分为整体式和组合式两大类，如图 4-25 所示。

　　3. 仪表板的性能要求

　　仪表板是汽车上主要的内饰件之一，在强度上要求能承受各种仪表和音响设备以及管线接头的负荷，并能耐前挡风玻璃投过来的太阳光辐射和发动机散热引起的高温。从安全角度出发，要求仪表板具有吸收冲击能、防眩和难燃性能。所以仪表板应具有

图 4-25　塑料仪表板

下列性能特点。

（1）有足够的强度刚度，能承受仪表、管路和杂物等的负荷，能抵抗一定的冲击。

（2）有良好的尺寸稳定性，在太阳光辐射和发动机余热的高温下不变形、不失效，不影响各仪表的精确度。

（3）仪表板材料应具有吸引噪声、振动和冲击的功能，降低对驾驶员和乘客的损害。

（4）有适当的装饰性，格调优雅，反光度低，给人以宁静舒适的感觉。

（5）具有耐久性、耐冷热冲击、耐光照，使用寿命在 10 年以上。

（6）制造仪表板的主要原料与辅助材料均不得含镉等对人体有害的物质。

（7）不允许含有使窗玻璃模糊的挥发物，应有适当的装饰性，反光度低。

（8）软质表皮在常温下破损时，应韧性断裂，而不是脆性断裂，即要求制品破损时不出现尖状锐角。

（9）耐汽油、柴油和汗液的腐蚀。

总之，高性能、低成本、质量轻、安全可靠、美观实用，这是对仪表板的重要要求，也是仪表板在市场竞争中的焦点。

（四）地板装饰

汽车地板为金属地板，直接暴露在外面影响车内美观，因此需要对汽车地板进行装饰。地板在装饰时应考虑地板清洁的方便性，一般选择铺设地胶，地胶上面铺设地毯，提高驾驶室内美观程度，汽车地板在装饰时，需要拆卸大量车内附件，因此工作量较大。在实际装饰时，应注意拆装零件的摆放，避免安装时漏装，如图 4-26 所示。

图 4-26　地板装饰

1. 地板的功能

汽车地板在底盘的上部，是车厢的基础部分，承载着车内的各类设施和乘员。地板与侧围、前围、后围和顶盖共同构成了汽车的内室，是汽车所有使用功能的体现部位，为人们提供乘车的一切需要。一般来说，客车对地板功能的要求比货车高，而轿车对地板的要求又比其他任何客车都高，性能最好，结构最复杂。

2. 地板的具体要求

要有可靠的安全性，能稳固地起到支承功能。地板又是车厢与地面之间的隔离层，要求它能起到保温、隔热、防湿、防潮、防尘、防止外部噪声进入车内的作用。

3. 地板的结构

一般轿车的地板都是复合型的，由基层、中间层和表层构成。

基层是用薄钢板压制，经焊装而成的。有的轿车底盘有骨架，压制的薄钢板就焊装在底盘的骨架上；有的轿车底盘无骨架，直接用薄钢板冲压焊装成轿车的底盘，成为地板的基层，也叫作底层。

中间层主要由加强隔热胶板、胶合板或纤维板等构成，主要起密封、隔热、保温和加强地板刚度的作用。在车身喷涂烘烤时，隔热胶板达到低温稍熔状态，但不产生流淌或流滴，从而将中间层和底层熔为一个整体，出炉冷却后可提高整体强度。增加了其密封、隔热的功能。有的轿车地板的结构比较复杂，中间层的复合、使用的材料以及工艺方法不一样，是采用塑料和纤维制品复合压制成型，然后粘接到薄钢板上。

地板的表层主要选用优质的人造革，通过胶黏和螺钉等方法固定在地板上。

4. 汽车地板材料的选用原则

因为原地板陈旧或损伤需要装饰，可参照原地板使用的材料、色泽和地板构造，采用适当的方法进行装饰。若是为了提高原车的装饰档次，可在内饰改装的同时，对地板进行改装。这时需综合考虑，使之与内饰和谐。可采用在原地板的基础上，选装汽车地毯，直接放置在地板上即可。地板装饰的颜色，最常用的是深灰色和红色。深灰色的地板，可使车内有一种洁净舒适的感受，红色能给人以兴奋的感受。在选择装饰材料的颜色时，还应考虑侧围、顶盖和座椅的颜色，使整个内饰的色泽达到统一、和谐，给人以明亮、舒适的感受。

（五）汽车地胶、地毯装饰

汽车地胶是在座椅下铺上一层防水且易擦洗的保护物，一般是橡胶制品。汽车铺地胶的主要作用是便于清洗。人们上下车时，鞋上不可避免地会带上泥土，雨雪天就更是连泥带水，很容易弄脏原车的地毯，而且很难清理，如果铺上了地胶，只要用一块抹布就可以很轻松地把车里擦得干干净净。如图 4-27 所示。

图 4-27　地胶地垫

1. 汽车地胶的种类

按照使用的材料不同可以分为塑胶地胶和纯毛地胶。

按照成形方式不同可以分为成形无接缝地胶和手工缝制地胶。成形无接缝地胶是一次性压制成的，带有汽车生产厂商的商标。因为没有接缝，防水、防尘效果更好。但对于起伏较大的汽车地板，铺设成形地胶的美观性稍差一些。手缝地胶平整度好，可挑选的颜色较多，同样能有效地防止灰尘等杂物进入地毯，但防水能力稍差一些。手缝地胶还可选择不同的厚度，有 2mm 与 3mm 之分，若铺较厚的地胶，耐磨性及隔音效果会更好一些。按照安装的位置不同还可以分为驾乘室地胶和行李厢地胶。

2. 汽车地胶的常用材料及特性

汽车地胶常用的材料有塑胶和纯毛。塑胶地胶的优点是便于清理，耐磨性及隔音效果好。用纯羊毛制作的地胶可以提高汽车内部的装饰档次，显得比较温馨，缺点是耐磨性及隔音效果稍差。

3. 汽车地胶的检查

汽车地板材料的优劣会直接影响装饰效果，所以在铺设汽车地胶前要认真鉴别，在选用汽车地毯装饰地板时，不仅要使地毯达到理想的装饰效果，还要考虑其防噪声的效果。

4. 具体的装饰方法

前部地板铺设较厚的地毯。轿车的前部地板离发动机较近，噪声较大，应铺设厚密度的地毯（如选用 $4.9 kg/m^2$ 的车用地毯），可以增强隔音的效果。中部选用中密度地毯。汽车中部离发动机稍远，其噪声的影响小一些。为此，选用中密度的车用地毯既可达到装饰和隔音的效果，又适当减轻了地毯的重量。中密度汽车地毯为 $3.7 kg/m^2$。后部选用低密度地毯。汽车地板的后部离发动机位置远，噪声影响较小，所以选用低密度的地毯进行装饰。

（六）车内饰品装饰

1. 车用香品的功能

（1）净化车内空气，清除车内异味，杀灭细菌，从而使车内空气清新。

（2）营造温馨舒适的乘车环境。车用香品可散发出怡人的芳香，使车内充满浪漫情趣。

（3）提高驾驶安全性，车用香品可使驾驶员保持清醒、心情愉快，从而减少事故的发生率，提高驾驶安全性。

2. 香品的分类

现今市场上的车用香品种类繁多，按形态可分为气雾型车用香品、液体型车用香品和固体型车用香品，如图 4-28 所示。

3. 车用香品的配制

香精是根据车用香品应具备使人愉悦、净化空气、杀菌等性

气雾型

液体型

固体型

图 4-28　汽车香品的种类

能的要求，利用化学合成或天然的香料，经反复实验调配而成的。化学合成的香精气味非常浓烈，具有盖住车内异味的作用，而天然香料则是一种理想的香品原料，如薄荷、樟脑、檀木等，香气宜人，但价格一般较为昂贵。不同的香精按一定比例加入基料中，可使车用香品散发出各种奇妙的香气。

4. 车用香品的选用

（1）在选购车用香品时，应根据香品的选购原则，仔细阅读所选香品的产品说明书，检查产品质量，查看包装及密封性能的好坏。

（2）注意产品的生产单位及日期、保质期等。

（3）要购买正规生产厂家生产的产品，不要因大意而买到过期产品或伪劣产品。

（七）饰品装饰

1. 挂饰

汽车挂饰件是一种文化，寄托一些祝福与期待，体现车主的个性与审美，同时与车内装饰协调搭配。它需要小巧精致，不至于影响行车视线；主体部分不宜过长，以避免刹车时撞击到玻璃；又能在行车时轻微晃动，有的能发出轻微的声音，能很好地消除行车者的疲劳，增加安全保障，如图 4-29 所示。

图 4-29　汽车挂饰

2. 摆饰

摆饰是将饰品摆放在汽车控制台上的一种装饰。主要的摆饰物品有地球仪、水平仪、报时器、国旗及精美的珍藏品等，如图 4-30 所示。

图 4-30　汽车摆饰

3. 贴饰

贴饰是将图案或标语制在贴膜上，然后粘贴在车内或车外的装饰，如图 4-31 所示。图案主要有名车商标、明星照片及公益广告等，标语主要是对驾驶员及乘员的提醒语或警告语，如注意安全、车内严禁吸烟等。

图 4-31　汽车贴饰

（八）汽车顶衬装饰

顶棚内饰是汽车整车内饰的重要组成部分，它的主要作用是提高车内的装饰性，同时顶棚内饰还可以提高与车外的隔热、绝热效果；降低车内噪声，提高吸音效果；提高乘员乘坐的舒适性和安全性。由于太阳直射车顶，汽车顶部温度较高，因此顶棚内饰的耐热性和耐候性指标要求较严。如图 4-32 所示。

不同档次的顶棚内饰在材料上、结构上有所不同，为提高隔音、隔热、降低噪声等效果，多采用各种纤维毡、聚氨酯泡沫、聚乙烯泡沫等与其他材质粘合在一起的结构作为衬垫，并与蒙皮材料（如无纺布、针织物等）通过一定的方式粘合形成一体。

1. 顶棚内衬造型

汽车顶衬也称为车顶棚。顶衬的种类、式样和颜色较多，由

图 4-32　顶棚内饰

各种不同的面料制成，结构也随着车型的不同而不同。轿车顶衬大多为浅色调，随着使用时间的增长会出现污垢、变色等现象，用常规清洗等方法无法恢复原状时，需进行更换。另外，顶衬的材料和式样过时，也需要更换，如图 4-33 所示。

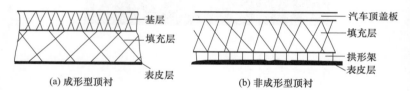

|基层|汽车顶盖板|

（a）成形型顶衬　　　　　　（b）非成形型顶衬

图 4-33　汽车顶棚内衬构造

　　轿车顶衬一般有两种类型，即成形型和非成形型。成形型顶衬采用模压成型技术，安装方便；而非成形型顶衬采用固定衬板，通过拱形架固定在车顶。通常，新款轿车一般采用成形型顶衬。顶衬一般由基材、填充材和表皮材重叠加工而成。

　　（1）成形型顶棚内饰。近年来，为了减少装配工时，大都采用成形型顶棚内衬结构的一体成形技术，特别是轿车等小型车上用得更广泛。成形型顶棚内饰所使用的材料由基材、填充材和表皮材三部分组成。基材一般用浸树脂的再生棉或玻璃纤维、聚苯乙烯泡沫材料板。填充材一般用聚氨酯或聚烯烃树脂发泡体。表皮材主要是 PVC 片材。同时逐年增加织物。填充材和表皮材一起层压后粘贴在基材上。

（2）吊装型顶棚内饰。吊装型顶棚内饰是用铁丝网吊起来的一种结构，由隔热隔音层、铁丝网和表皮材构成。表皮材通常采用的是 PVC 片材或 PVC 人造革、织物等。为了隔热及隔音，把绝缘材料放到顶板和衬层之间。

（3）粘贴型顶棚内饰。粘贴型顶棚内饰是把填充材和表皮材层压成形之后，直接贴到顶棚上，填充材主要是聚氨酯发泡体、PVC 发泡体，表皮材主要是 PVC 片、织物等。

在应用上，成形型一般用于轿车等小型车上，而粘贴型和吊装型多用于货车、客车、面包车和低档轿车上。但随着汽车工业的发展，成形型顶棚内饰将会得到越来越广泛的应用。

2. 顶棚内衬装饰要点

（1）顶棚的内衬表皮装饰，关键是去皮材料、胶黏剂、粘接工艺的正确选用，相互之间必须是配套、协调的；主色应与车厢内部的内饰和谐，否则其装饰效果不佳。

（2）用热风枪加热时，必须控制好温度，温度过高，易损伤内衬结构或表皮。用电熨斗熨平皱纹时，也要控制好加热温度，要适度移动，不能在一处停留的时间过长，否则易损坏内衬表面，影响装饰效果。

（3）在粘贴过程中，若发现有气泡，可用刚性的塑料刮板除去气泡，当胶黏剂还没有固化时，也可用塑料压板施加压力，除去皱纹。

（4）在清洗或涂胶时，要特别注意不要把清洗剂、胶液等洒落到车窗、座椅和地板上，必要时，要对这些部位进行遮盖。

一般情况下，汽车顶棚内衬不易受到损坏，当然发生撞车事故时例外。汽车顶棚内衬表皮在使用一段时间后，会有些变色、老化，或者因清洗或使用不当，可能产生擦伤或划伤，这时需要对内衬表皮材料进行更换和装饰，这样的维修装饰是单件车辆，不可能出现同时小批量装饰。所以，在选择维修装饰的方法时，应以手工粘贴法进行维修装饰，这是切实可行的最佳方法。

二、汽车内饰清洁护理

汽车驾驶室的清洁主要包括以下内容。

（一）驾驶室的清洁

1. 拆除地毯和脚垫

先将驾驶室内的脚垫和地毯拆除，放到车外清洗，用吸尘器将驾驶室内从顶部向下抽吸一遍，特别是前风窗上部边沿，两侧转角处，仪表板与风窗和两侧连接部位等窄缝、沟槽处，应彻底抽吸。然后对司机座椅、副司机座椅和座椅的下面、仪表板下部、地板等处仔细抽吸，可基本上把浮尘、泥土、碎屑等污物清除干净，如图 4-34 所示。

图 4-34　拆除地毯和脚垫

2. 对仪表板以外部位的清洗

用万用清洁剂对仪表板以外的部位喷涂一遍，使泡沫停留1min后，在未干之前，用干净柔软的棉布从上到下逐一进行擦拭。对于污垢严重部位，要反复擦拭，直到擦干净为止，如图

4-35 所示。

图 4-35　清洗仪表板以外部位

3. 对仪表板总成的清洗

仪表控制板是每个乘车人员都会直接面对的，它的清洁程度将影响人们对整个汽车是否干净的感受和评价。由于其结构复杂，边边角角较多，所以清洁起来比较困难。仪表板在驾驶室内占有重要位置，有很多仪表布置在上面，在清洗操作时，必须特别注意，不能损伤仪表。

4. 对拆除的脚垫和地毯的清洗

汽车内室中最容易脏的部件就是地毯。汽车本身自带的地毯基本和汽车是一体的，不容易拆下来清洁，最好在汽车里放置可活动的脚垫。如果脚垫不太脏的话，拿到车外拍打一下就可以了。对于比较脏的地毯，就要使用专用洗涤剂了。一般在洗涤前要先进行除尘工作，然后喷洒适量的洗涤剂，用刷子刷洗干净，最后用干净的抹布将多余的洗涤剂擦掉就可以了，这样就可以使洗后的地毯既干净又柔软。将清洗干燥后的地毯和脚垫，按原位置放好，即完成了对驾驶室的清洗。

（二）座椅的清洗

在对座椅进行清洗时，应根据座椅的类型，采用相应的方法进行清洗。

1. 真皮座椅的清洗

可选用皮革乙烯材料清洗剂进行清洗，如图 3-36 所示。此类清洗剂可用于清洗、保护车内座椅、沙发和仪表板等用皮革或乙烯材料制成的饰品，可恢复其表面光泽；还可防止这些物品因恶劣环境影响而提前老化；也可使这些制品焕然一新。

图 4-36　真皮座椅清洗

清洗时，先将此清洗剂均匀地喷涂到座椅表面上，然后用干净的软布擦干净即可。

2. 人造革座椅表皮的清洗

人造革座椅表皮可采用擦拭法清洗。先用半湿的毛巾进行擦拭，应从上往下进行擦拭，然后用干的清洁毛巾再擦一遍即可。如果局部有油污、印痕未擦掉，可用毛巾蘸上一点仪表板清洁剂进行擦拭。

3. 布艺座椅清洗方法

布艺座椅的材质绝大部分是化纤、棉、毛等混纺制品，可选用多功能清洁柔顺剂进行清洗。多功能清洁柔顺剂去污力强，尤其对丝绒及地毯表面有清洁、柔顺、还原着色和杀菌等功效。这类低泡清洗剂，既可在喷抽机清洗时使用，又可在手工清洗时使用。

（三）汽车顶棚内衬的清洗

汽车顶棚内衬一般是用人造革或化纤混纺材料制作的。在清洗时，应根据材质的不同选用不同的清洗方法。当内衬表面污垢较严重时，可先将全能泡沫清洗剂喷涂在内衬表面上，然后用干毛巾或擦布进行擦拭即可，如图4-37所示。

图4-37　汽车顶棚内衬的清洗

（四）汽车玻璃的清洗

第一步：用汽车清洗液清洗车身、玻璃上附着的沙砾、尘土等污物。

提示：玻璃上黏附的鸟粪、昆虫和沥青等，可用塑料或橡胶刮刀去除。

第二步：再用海绵将玻璃专用清洗液均匀擦拭玻璃内外两侧。

第三步：玻璃表面变白后，再用软毛巾擦干。

提示：擦拭后车窗时，应横向擦拭，以免弄断除雾加热丝。

第四步：喷涂玻璃保护剂。

提示：前挡风玻璃不要使用含硅酮的玻璃保护剂，以防止雨刷干摩擦划伤玻璃。

（五）安全带的清洁

安全带的清洁可以用中性的肥皂水或温水清洗干净。清洗时，可用海绵或毛巾擦拭。在清洗过程中，应检查安全带有无磨损和伤痕，如图 4-38 所示。

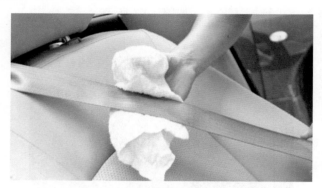

图 4-38　安全带的清洁

安全带一定要保持清洁，如果安全带不干净，就会影响其效能的发挥。

卷带前，安全带必须完全干透。不能用化学方法擦洗安全带，化学清洗剂会破坏织物。安全带不能与有腐蚀性的液体接触。

（六）方向盘、排挡杆、驻车制动器、踏板的清洗

汽车内的方向盘、排挡杆、驻车制动器等部件是驾驶员经常用手接触的地方，容易沾上人体的油脂和汗渍，很容易弄脏。可以用小牙刷或沾有洗涤液的抹布进行刷洗。

要特别注意的是，离合器踏板、刹车踏板、油门踏板等部分要认真清扫，特别要清除上面的油脂类污垢。必须选用防滑型的专用清洁剂进行清洗，对开车时防滑有很大好处。

（七）内饰护理小技巧

内饰件受污染未及时清洁导致霉变，对此进行清除时可用热

肥皂水洗霉点，用冷水漂洗干净，再浸泡在盐水中，然后用专用清洗剂清洗擦干，如图 4-39 所示。

图 4-39　内饰发霉

1. 口香糖

口香糖清除时可用冰块使其硬化，然后用钝刀片刮掉，最后用清洗剂清洁擦干即可，如图 4-40 所示。

图 4-40　口香糖

2. 焦油

可先用冷水彻底刷洗，如难以去除干净，可用焦油去除专用清洗剂浸润一段时间，然后擦拭干净即可。

3. 黄油、机油等

用专用的油污去除剂，从污迹周边向中心清洗，当污迹已经洗掉时，用毛巾擦干。

4. 人造革裂口的修理

座椅、门边内衬等常使用人造革，在使用过程中，难免意外受伤，甚至出现裂口，对于这类破损，可采取以下方法进行修补：先用电吹风将裂口两边吹热，再将一块纤维布衬在裂口下面，并精心将裂口两边对齐，然后压平，最后将人造革修复液涂在修理部位上，待完全干后即可。

三、汽车座椅套的安装工艺与操作示范

当汽车坐垫准备安装前，应检查汽车坐垫的品质好坏和绷缝线结实与否，长度是否合适，如图 4-41 所示。

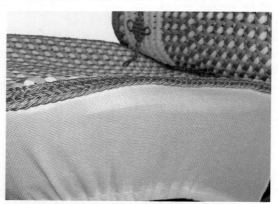

图 4-41　座椅套的安装

现在通用的汽车坐垫一般是五件套，前座是连体两个，后座是两单靠背和一长大垫，如图 4-42 所示。

（一）前座椅坐垫的安装

汽车前座椅坐垫一般有帽头帽兜，可以直接把汽车坐垫往下套即可，然后在汽车坐垫连体处有一个或两个卡扣，可以把汽车坐垫卡扣用手插入座椅的缝隙中，让汽车坐垫不会向前移动。再把铺好的汽车坐垫前面的两个小钩环钩入座椅下面铁条处，如图 4-43 所示。

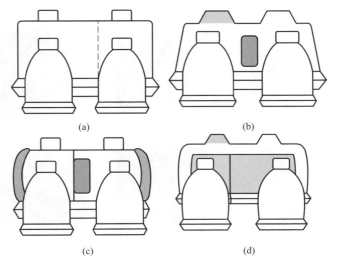

(a)   (b)

(c)   (d)

图 4-42   汽车坐垫形式

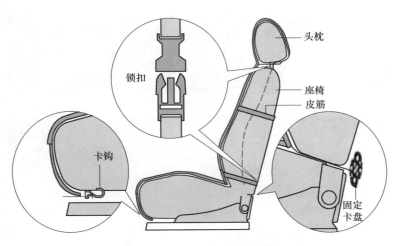

锁扣

头枕

座椅
皮筋

卡钩

固定
卡盘

图 4-43   前座椅坐垫的安装

　　有的没有舌头小钩而是带松紧带的卡扣，这时要把卡扣经由座椅的中间缝隙中穿过，其中一头卡扣从座椅底下穿过和另一头的卡扣锁住。这样前排座椅坐垫就安装好了，如图 4-44 所示。

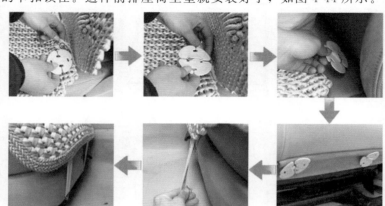

图 4-44　前排坐垫的安装

（二）副座椅坐垫的安装（图 4-45）

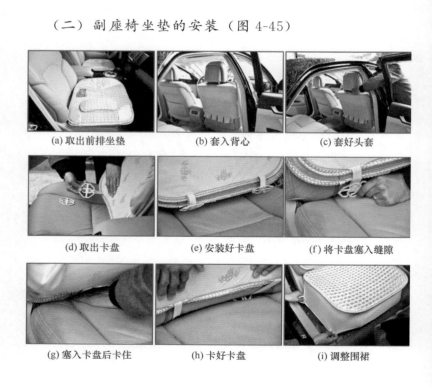

(a) 取出前排坐垫　　　(b) 套入背心　　　(c) 套好头套

(d) 取出卡盘　　　(e) 安装好卡盘　　　(f) 将卡盘塞入缝隙

(g) 塞入卡盘后卡住　　　(h) 卡好卡盘　　　(i) 调整围裙

(j) 将围裙松紧带卡好　　　　　(k) 套入头枕　　　　　(l) 前排安装完成

图 4-45　副座椅坐垫的安装

（三）后排汽车座椅坐垫的安装

在安装之前，先观察后长座椅的安装方式。后排座椅其实有两种，一种是带扣式的，一种是不带扣式的，以不带扣的为例，如图 4-46 所示。

图 4-46　不带扣式的汽车座椅坐垫

不带扣式的座椅可以直接用力把长座椅拔出来，有锁扣的长座椅按下锁扣再把长座椅拔出。有的座椅是和车体用螺钉固定的，这时就得把螺钉拆开，使长座和后靠分开，如图 4-47 所示。

汽车坐垫长座和后靠分开后，将长垫通过汽车坐垫上的卡口从下面穿过并固定好长垫。这时也可以将后靠背套入后靠座椅的

(a) 取出后排坐垫并套入

(b) 安装卡盘

(c) 扶起后排长座椅

(d) 套入长排坐垫

(e) 安装卡扣卡好松紧

(f) 调整好坐垫

图 4-47　不带扣式的座椅套的安装

帽头上，如图 4-48 所示。

(a) 装回后排长椅

(b) 按出扶手准备套入

(c) 推成斜角再套入

(d) 推回扶手

(e) 卡好原先装好的靠背卡扣

(f) 两边都卡牢

(g) 调整下整体效果

(h) 后排坐垫安装完成

图 4-48　后排长椅套的安装

最后把长座椅安装好后，注意安全带要复位。然后，再把汽车坐垫长垫和靠背的固定卡插入缝隙中，这时再把汽车坐垫拉平就好了。有部分车的后排头枕和座椅是连体的，直接套上即可。

第三节　发动机与行李箱清洁护理

汽车发动机外部清理既是汽车维护保养的作业内容，也是汽车美容项目，通过对发动机外部进行及时的清洁护理，可以提高发动机运行性能，减少发动机故障。行李箱装放不同的物品，也会造成一定的污染，及时进行清洁，避免霉变和产生异味等。

一、发动机外部的清洁护理

发动机是汽车的动力装置，是汽车最为关键的部分，必须经常进行清洁护理，才能使它减少故障的发生，延长它的使用寿命。对于发动机的外部清洁，主要的工作有三个方面：外表灰尘及油污的清除、表面锈渍的处理、电器电路部分的清洗，如图4-49所示。

图 4-49　发动机的清洁

发动机外部油污较重，需用油脂清洗剂进行清洗，此类清洗剂大多称去油剂，也称发动机外部清洗剂。发动机外部清洗剂一般呈碱性，能快速乳化分解去除油污，对机体没有腐蚀作用，且水溶性好，可以完全生物溶解，易用水冲洗干净，不留残留物，而且具有极强的去油功能。目前市场上的去油剂大致有三类。

（1）水质去油剂：该类产品具有安全、无害、成本适中等优点，但去油功能有限。

（2）石化溶剂型去油剂：该产品具有去油能力强、成本低等优点，但易燃、有害。

（3）天然溶剂型去油剂：该产品不仅去油功能强，且无害，但成本较高。

发动机室清洁的工作量虽然大，但项目较少，不需要进行复杂的拆装，故所用的设备、工具和材料也较为简单，如图 4-50 所示，主要有空气压缩机、高压洗车机、毛巾、海绵和毛刷、发动机外部清洗剂、蓄电池清洗剂、电池接线桩头保护剂、橡胶清洁剂和保护剂、清洁除锈剂等。

图 4-50　清洗工具

在清洗发动机外部时，应先将发动机熄火，使所有电器不工作，并使发动机室温度下降，千万不可在高温下清洗。

发动机外部清洁作业内容如下。

1. 塑料薄膜包裹电器元件

清洁前，必须用塑料薄膜将发动机的电器元件包裹起来。如保险盒、发电机、汽车控制主电脑、高压线圈等，以免清洁作业时沾上水渍，造成电器损伤。

2. 喷洒发动机外部清洗剂

首先摇晃发动机外部清洁剂使其混合均匀，然后将发动机外部清洗剂喷涂到整个发动机室及发动机外部各部件总成处，停留3～5min，以使污垢尽可能被吸附到泡沫中。细小部位需使用刷子刷，使脏物浮起。如图4-51所示。

图4-51　喷洒清洗剂

3. 发动机的高压水冲洗

当清洁剂的泡沫开始消失时，用高压洗车机或喷水枪仔细冲洗。清洗时应使用散射水柱进行冲洗。务必彻底冲洗使清洁剂不残留。如图4-52所示。

4. 顽固油污的去除

对于发动机上残留的顽固附着污物，可将去污力较强的化油器清洗剂喷涂在干净的抹布上，并用这块抹布擦拭脏污处，如图4-53所示。擦抹干净后再喷涂发动机外部清洁剂，停留2～3min后再用水冲洗干净。

图 4-52　冲洗发动机外部

图 4-53　清除油污

5. 清除锈蚀

金属生锈过程是一个缓慢的氧化过程。开始时，金属表面会出现一些细小的斑点，然后斑点逐渐扩大，颜色变深，形成片状或层状的锈蚀物，如不及时清除会影响机件的使用寿命。清除锈蚀应使用清洁除锈剂，方法是将除锈剂喷涂在锈蚀处，大约 10min左右，再用硬毛刷刷洗，然后用软布擦干，如图 4-54 所示。

6. 清洁空气滤清器

目前汽车空气滤清器普遍采用纸质滤芯，它安装在滤清器壳

图 4-54　清除锈蚀

里，对吸入发动机的空气进行过滤，使用一段时间后会有大量的尘土、沙粒吸附在上面，降低了发动机的进气量。因此应定期清洁。清洁时，将纸质滤芯从滤清器的壳里取出，用压缩空气（由内往外），将其吹干净即可。如图 4-55 所示。注意不可将其弄湿，更不能用水清洗。如果发现滤清器破裂必须及时更换。

图 4-55　清洁空气滤清器

7. 电器元件的清洁

发动机的电器元件必要时可以用电器元件专用清洁剂来清洁，作业中不要用水清洗，只需擦干或任其自然干燥。清洁后再使用多功能防腐润滑剂喷涂一遍，使电器元件的接插头具有抗潮、避水及润滑等多项保护功能。

8. 蓄电池的清洁

由于汽车行驶时的颠簸振动和发动机室温度的升高，蓄电池电解液常常会从加液口中溅出，电解液会腐蚀车架的底板和电池的安装支架，因此应定期检查清洁。清洁时，先将蓄电池从车上拆下，用蓄电池清洗液清洗。清洗时注意不要让清洗液从加液口流进蓄电池，破坏电解液的纯度。蓄电池极柱变旧会引起接触不良，因此清洗完毕安装时可在蓄电池极柱上涂抹一层保护剂或润滑脂防止极柱的氧化。

9. 流水槽的清洁

前挡风玻璃下方发动机盖与两前翼子板接合处的流水槽，大部分很脏，清洗时必须注意观察流水槽是否疏通并配合软毛刷刷洗，再用干净软布擦干。清洁干净后，可以喷涂橡胶清洁护理剂，防止橡胶老化。

10. 喷施发动机保护液

先用高压气体将发动机上所有的零部件、轴承孔、铰链及缝隙吹干，再将发动机保护液均匀喷涂在发动机壳上，线束或橡胶物件可用打蜡海绵蘸上橡胶护理剂擦拭加以保护。

二、行李箱的清洁护理

行李箱室在车的后部，密封较好，主要用于存放行李，有时也可存放一些随车用品。当油污、灰尘、异物较少时，采用一般的手工清洗即可。行李箱与车身内部极为相似，内饰多为绒布，清洁方法也基本相同。

清洗时，先取出行李箱内的备用胎、随车工具以及杂物和底板防护垫，拍去灰尘，用吸尘机吸去内部的灰尘、沙泥和污垢，然后用电热式喷水/吸尘/吸水多功能清洗机进行清洁。如果没有上述三合一清洗机时，可用湿毛巾进行擦拭，主要是去除灰尘，对于局部沾污严重的部位，则用化纤织物清洗剂进行清洁。清洁后，对丝绒内饰可再喷涂一层丝绒保护剂或丝绒光亮剂。对行李箱的密封条，可先用水洗清洁，然后用毛巾吸干水分，再上车蜡或橡胶保护剂。最后对整个行李箱喷洒消毒清新剂。最后复装备用胎、随车工具和杂物，如图 4-56 所示。

图 4-56　行李箱的清洗

第五章

汽车防护性装饰

　　汽车装饰是指通过增加或者替换一些附属的物品，以提高汽车表面和内室的美观性、实用性、舒适性。所增加或者替换的附属物品，叫作装饰品或者装饰件。其中有些装饰件实用性更强，更偏向保护性，例如汽车玻璃防爆膜，底盘装甲及倒车影像等电子辅助装置，这类装饰称为防护性装饰。

第一节　贴防爆太阳膜

　　汽车太阳膜不仅阻挡紫外线、阻隔部分热量以及防止玻璃突然爆裂导致的伤人等情况发生，而且单向透视性能达到保护个人隐私的目的。新车贴防爆太阳膜也是汽车最初使用消费项目，也是汽车最基本的装饰，但太阳膜种类繁杂，质量也参差不齐，需要进行鉴别和选择，贴太阳膜的流程和工艺也是保障太阳膜性能的重要因素。

　　太阳膜的生产制造历史可追溯到 20 世纪 30 年代。最初，人们为了遮蔽强烈的太阳光线，同时减少太阳热量对车内的侵袭，研制出了早期的太阳纸，就是现在俗称的茶纸，但此类膜基本不具备隔热作用，仅用于遮光，这可以称为太阳膜的第一代产品，此类产品市场上很难见到。而汽车贴膜就是在车辆前后风挡玻璃、侧窗玻璃以及天窗上贴上一层薄膜状物体，这层薄膜状物体也叫作太阳膜或者叫作防爆隔热膜。其作用主要是阻挡紫外线、阻隔部分热量以及防止玻璃突然爆裂导致的伤人等情况发生，同时根据其单向透视性能，达到保护个人隐私的目的。此外，它也可以减少车内物品以及人员因紫外线照射造成的损伤，在某些层面还能达到节省燃油消耗的功效。

一、车膜的功用与种类

（一）车膜的功用

1. 保障驾车安全

据研究，车内温度由 21℃ 提高到 27℃ 时，驾驶者高温下出错的概率提高 50%，反应时间减缓 22%。因此，良好的隔热措施配合车内空调，能有效提高驾驶者的应变能力，防止意外的发生。同时，防爆隔热膜还可有效地防止发生事故时因玻璃飞溅造成的附加伤害，如图 5-1 所示。

图 5-1　太阳膜安全性

2. 防止太阳晒伤

紫外线对人体的影响包括引起白内障、皮肤癌，并造成皮肤晒伤、老化。贴防爆隔热膜能有效隔绝紫外线对人体的伤害，如图 5-2 所示。

图 5-2　隔绝紫外线

3. 保护汽车设施

红外线会使车内温度上升，强烈的紫外线极易使车内饰如皮椅、仪表板及塑胶等材质老化变质，让人感到不适，冷气负荷也随之变大。要想隔绝紫外线及红外线，最好的办法就是贴防爆隔热膜，如图 5-3 所示。

图 5-3　保护汽车设施

4. 营造舒适驾车空间

权威机构测试表明，在汽车玻璃上贴了防爆隔热膜之后，车内平均环境温度下降 5℃，仪表板温度下降 10℃，车内降温时间缩短 19％，驾驶将会更加舒适。如图 5-4 所示。

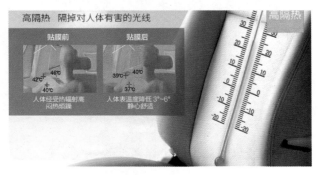

图 5-4　有效隔热

5. 节约能源

为汽车贴上防爆隔热膜，能有效阻隔热源及热传导，可以提升空调制冷效果、降低油耗，如图 5-5 所示。权威部门验证，加装防爆隔热膜之后，汽车能源平均节约 3％。

图 5-5　有效节约能源

6. 防止炫光、隔音

为汽车贴上防爆隔热膜，还可以有效阻隔炫光，让驾驶员有效掌握车况、多一分行车安全的保障。

7. 保护隐私

由于防爆隔热膜单向透视功能，能够阻挡车外的视线，防止

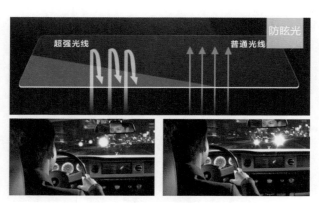

图 5-6 防炫光

偷窥，起到保护隐私的作用。

（二）车膜的种类

太阳膜从专业角度来讲只有两种：金属膜和染色膜，如图 5-7 所示。为了便于理解，进而选择最适合的太阳膜，根据制作工艺不同把汽车太阳膜种类细分为六种，即：染色膜、涂布印刷膜、普通金属膜、纳米陶瓷膜、贵重金属膜和双层贵重金属膜。

图 5-7 车膜

前三种膜不建议贴，因为普通金属膜的成分主要是 Al^{3+} 离子，这种膜颜色不够清晰，隔热效果和稳定性也比较差。一些进入市场比较早的牌子大多属于这种工艺的金属膜。

（1）纳米陶瓷膜。这种膜是一种新科技产品，它是用纳米技术将硅粒子喷溅到无色原膜层上制造而成的。这种膜对比金属膜有很多优点，对无线电信号无任何干扰，不会像金属膜一样经过一段时间后逐渐氧化，并永不褪色。陶瓷隔热膜质保期为 10 年，而金属膜一般为 5 年。如图 5-8 所示。

（2）贵重金属膜。这种膜也是在无色原膜上喷溅金属粒子制造而成的，但不同的是喷溅的是铬、钛、铂等贵重金属。这种膜颜色纯正，视觉效果极佳，目前只有美国 CIP、FTI 公司拥有此项技术。

（3）双层贵重金属膜。这种膜是美国最新技术产品，是目前世界上最高级的防爆隔热膜。这种膜是用磁控溅射技术最新工艺，将钛、铂等贵重金属喷溅到无色原膜的两面，使这种膜具有双层金属层，因此低反光，从而保持车内恒温，降低油耗。这种贴膜透视性强，具有单向透光的特点，从车内向外看，晶莹透明；从车外向内看，若隐若现。

图 5-8　纳米陶瓷膜

小贴士：

◆十招辨防爆膜优劣

炎炎夏日，要想在车内营造一个清凉的世界，除了开足空调，还要在车窗上贴上一层能有效阻隔紫外线的防爆膜，以遮挡骄阳烈日。但防爆膜市场鱼龙混杂，要选购一款性价比高的防爆膜并不容易。

专家提醒，不要贪图便宜选择低档或者假冒的汽车防爆膜产品，劣质膜结构简单，这样的膜用不到一年颜色就会越变越浅，影响视线，车的外表也会逐渐失去美观。如果前风挡玻璃使用劣质车膜，更会影响司机判断，造成意外事故。防爆膜的优劣可以从以下几方面判断。

一、手摸。优质膜摸上去有厚实平滑感，劣质膜则很软很薄，缺乏足够的韧性，而且易起皱。

二、鼻闻。劣质膜胶层残留溶剂中苯含量高，有异味，会严重危害车主的健康。

三、眼观。看透视性、清晰度，优质防爆膜的清晰度可高达90%以上，而且无论颜色深浅，透视性能均良好，在夜间、雨天行车也能保持良好视线。而劣质膜采用的是普通染色工艺，靠颜色隔热，所以颜色深，从车里向外看总有雾蒙蒙的感觉。

四、牙咬。用牙轻咬一下膜，如果被咬之处有透明点，说明膜是粘胶着色的，而非采用本体渗染和溅射金属着色的方法，本体渗透法是不会出现这种情况的。

五、看质量保证。只有有生产厂家质保卡的膜才是可信赖的，厂家的质保卡通常包含质保项目、年限、赔付方式，以及真实可寻的制造商名称、地址和电话。

六、看膜的背面是否有防伪标志，正规品牌的防爆膜背面都印有防伪标志。

七、用酒精、汽油擦。因为劣质膜是胶染色膜，所以去除膜的保护层后擦拭胶层，即可见褪色现象。还可以揭开车膜背面的透明层，用硬物划一下，劣质膜的掉色较严重。

八、参考生产厂商提供的技术参数：透明度、反光度、隔热性。通常越透明的膜，隔热性会越低；越反光的膜，隔热性越高。透光度高、反光度低且隔热又好的膜是膜中精品。

九、测试隔热效果，使用大功率的白炽灯等模拟太阳光源，测试膜阻挡热量的能力。优质防爆膜隔热率应达到 80％ 左右，劣质膜隔热率低，坐在车里会有很闷的感觉，同时，它隔紫外线效果很差，起不到保护车内物品及乘车人员的作用。

十、防划伤是汽车膜的一个基本性能，优质膜在正常升降车窗时，膜的表面不会被划伤，而劣质汽车膜在这方面则有明显的缺陷。

◆如何分辨真假 3M 汽车隔热膜？

目前大大小小的汽车装饰装潢公司的宣传横幅上都写有"3M 汽车贴膜"字样，不过这其中不乏"李鬼"。今天，杭州 3M 公司总部的有关负责人来教您如何分辨真假 3M。

三联卡：3M 正品的隔热防爆膜都配备有 3M 中国有限公司的三联卡，车主要用正楷字体填写好三联卡，由公司的授权施工店将三联卡邮寄到 3M 中国有限公司（上海总办事处），最后将会由 3M 公司将质量保证卡邮寄到客户手上。

气味：3M 公司正品的隔热防爆膜撕开隔离层后不会产生异味，假冒 3M 的隔热防爆膜通常都有比较刺激性的异味。

颜色：在市场上有部分绿色的膜上印着 3M 的商标。3M 公司没有这种颜色的隔热防爆膜，请车主在贴 3M 隔热防爆膜时到 3M 公司的授权施工店施工。

手感：3M 公司的隔热防爆膜不会很粘手，假冒产品从手感上来说会比 3M 正品隔热防爆膜粘手很多。

二、车膜的基本结构

不同的车膜结构差异较大，优质防爆太阳膜主要由透明基材、"易施工"胶膜层、感压式粘胶层、防紫外线层、隔热膜层、安全基层及耐磨外层组成，如图 5-9 所示为汽车防爆太阳膜结构。

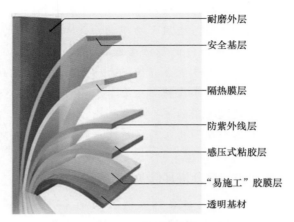

耐磨外层

安全基层

隔热膜层

防紫外线层

感压式粘胶层

"易施工"胶膜层

透明基材

图 5-9　太阳膜结构

1. 耐磨外层

该层的材料是透明的丙烯酸，非常坚韧。涂布在隔热膜外层，该层非常耐刮擦。经常清洗玻璃时不容易产生刮痕，使玻璃看上去经久如新。

2. 安全基层

该层的材料是透明的聚氨酯，透明而且有非常强的抗冲击能力，能长期有效地保护车内乘客安全，在受到外来冲击力的影响下，该安全基层能起到阻挡冲击、减少外来伤害的作用，同时，该安全基层能够有效地过滤阳光和外面车辆远光中的眩光，使车主更舒适安全。

3. 隔热层

该层的结构是将铝、银等金属分子通过溅射的方式涂布在安全基层上。这样金属层将有选择地将阳光中的红外线反射回去，从而达到隔热的效果（红外线是主要的热量来源），节约燃油。

4. 防紫外线层

在隔热膜上涂布一层特殊涂层，该涂层能将阳光中 99％的 UVA 和 UVB（即紫外线 A 和紫外线 B）隔断，从而达到保护汽车内饰及车内乘客免受紫外线侵害的作用。

5. 感压式粘胶层

该层是提升隔热防爆膜品质的重要保证，既要非常清晰，不影响驾驶员视野，又要能抵抗紫外线，不变色，同时还要有非常强的黏结力，在发生一定外来冲击的情况下，隔热防爆膜能够将破碎的玻璃黏附住，不至于伤害车内人员。

三、贴车窗膜常用工具

（一）塑料刮板（耐高温）（图 5-10）

（1）烤膜预定型，大中小型板体均可。

（2）上膜赶水，压贴修边。

（3）小型板侧窗修边，解决大中型刮板处理不到的地方。

（二）玻璃清洁牛筋刮板

用于玻璃清洁，防玻璃划伤。如图 5-11 所示。

图 5-10　塑料刮板　　　　　图 5-11　牛筋刮板

（三）烤枪

用于对太阳膜加热收缩预定型，温度可调式有高低两个挡位。如图 5-12 所示。

（四）喷水壶

用于向玻璃或太阳膜喷洒润滑液和清水，为手动气压式。如图 5-13 所示。

图 5-12　烤枪

图 5-13　喷水壶

（五）剪刀、美工刀

用于预定型前剪去裁膜时多余的膜边部分，防玻璃划伤，以及用于太阳膜开料、定型时的裁切，如图 5-14 所示。

（六）卷尺

用来度量玻璃大小尺寸，携带方便，如图 5-15 所示。

图 5-14　剪刀及美工刀　　　　　图 5-15　卷尺

四、贴太阳膜工艺与操作示范

（一）准备

如图 5-16 所示。

（1）先将毛巾铺设在内饰上，避免施工中损伤车身漆面，方便摆放工具。

图 5-16　准备工作

（2）车门内侧贴上保护膜，在座椅上套上胶袋护套。

（二）清洁

1. 窗门玻璃密封条的清洁（图 5-17）

图 5-17　清洁密封条

窗门玻璃密封条有两种类型：胶边和毛边。

（1）胶边的两种清洁方法

① 用吹气风枪吹出藏于密封槽内的砂粒、杂物。

② 向密封槽内喷洒适量的清水，用直柄塑料刮板直接清理内槽（注意：刮板要包覆一层擦蜡纸，一个方向不要来回擦拭，以免砂粒污垢黏附于擦蜡纸后又被带回槽内，每刮一次要变换擦蜡纸的清洁面）。

（2）毛边的两种清洁方法

① 用 2cm 宽的美纹纸贴住密封槽边上的内毡毛。

② 喷壶嘴调至最小出水量喷洒少量清水在毡毛上，使毡毛稍微湿润，粘住毛体。

2. 内外侧玻璃的清洁（图 5-18）

在玻璃上喷洒清水，然后用手摸抹，检查和剔除稍大的尘粒，对于黏附得较牢的污垢和撕下的贴物残胶可用钢片刮刀去除，用硬质的直柄塑料刮板自上而下，由中间向两边清除玻璃上的灰尘，每刮扫一次必须用干净的擦蜡纸去除刮板上的污物。整幅玻璃每刮扫一遍，要用清水喷洒一次，最后用刮板刮除积水，确认玻璃已十分光滑干净，"一尘不染"时才可转入贴膜。

图 5-18　清洁玻璃

（三）下料

膜的大小要与玻璃相匹配，粘贴前应先按玻璃的实际尺寸，将膜裁剪好。裁剪时要先准备各车型玻璃样板，样板的制作方法是：先在清洁良好的玻璃表面洒一层水，然后把适当厚度的塑料薄膜吸附在玻璃上，根据边缘线的特点划出玻璃样板，应注意样板要比划线超出 3～5mm。如图 5-19 所示。

图 5-19　预裁样板

（1）用直尺测量需贴膜玻璃的尺寸。

（2）从膜卷上并且将其按照已经测量好的风挡玻璃的尺寸进行裁剪。

（3）先裁前挡膜。

（4）再裁后挡膜。

（5）最后裁侧窗。

（四）贴膜

将定好型的膜撕下要贴一面的保护层，加入专用药水的清水喷洒在胶面，然后贴在喷洒过水的车窗玻璃上，定位后用刮水板重叠有序地将膜与玻璃之间的水刮挤干净，直至玻璃完全紧贴。如图 5-20 所示。

（1）上膜时，由于防水玻璃在喷水后水珠不会附着，水分流失快，故宜采用由下端向上贴法（好处是下端积聚水分较多，利于膜的移动）。不防水玻璃由于喷水后水珠附着，水分流失少，故通常采用由上端向下贴法。优点是能有效避免砂粒粘到膜上。

图 5-20　贴膜

如图 5-21 所示。

图 5-21　由上向下贴膜

（2）一般上膜多数采用由上至下贴法，由玻璃顶部开始撕开膜上端一部分，保护膜慢慢往下刮压，一边撕除保护膜一边向下移动刮压，至玻璃底部。将铁片薄板插入密封胶边缘与玻璃隔开，先把膜的两个边角嵌入，移动铁板便能将膜与玻璃底部贴合到位。

注意：上膜时在膜的中间位置赶水，使用中号直柄塑料挤刮水分，赶刮时一只手按扶住外侧玻璃，使内侧赶水时的力度分散均匀，同时避免玻璃受刮板压力而摆动，将撕下的保护膜覆盖在膜面上。

（3）把膜片上的安装液挤压出后如膜片中仍有气泡时，可用吸水纸包住塑料刮板慢慢把弧度挤压平整，吸水纸应停留于弧度边部把弧度内的安装液吸干。

如气泡仍然无法挤压平整时，可用热风枪于玻璃外部对玻璃进行加温，再重复用工具把弧度挤压下去。

安装液与弧度全部挤压干净后，用热风枪于玻璃外侧膜片边部位置四周加热，如图 5-22 所示，用吸水纸包住工具把边部位置再次挤压一遍加固。也可用铁片加热后直接点烫，但要注意铁片的光滑度。

图 5-22　热风枪加热

（五）贴膜后的注意事项

北方一般 3～4 天不要升降玻璃，南方夏天的时候最好 4～5 天不要升降玻璃；贴过膜后两天内尽量不要放太阳下暴晒；贴膜后一周空调出风口不要正对着膜吹；冬季的时候贴膜后半月内不要开启除雾线；贴膜后年检标贴不要直接贴到膜上，需要先塑封后再粘贴；贴膜后不要在膜上使用吸盘；擦拭膜面的时候要选用干净的湿毛巾或者湿麂皮。

第二节　底盘装甲

汽车底盘工作环境和条件复杂，特别是在坏路、土路、泥路行驶等，经常受到震动、冲击、拍打、冲刷甚至碰擦和撞击等，容易出现锈蚀、变形和损坏等，为此，对汽车底盘装甲，是对汽车底盘有效的保护措施。

一、底盘装甲的作用及分类

常说的"底盘装甲"是一种通俗叫法，它的学名是"防撞防锈隔音底漆"，是一种特殊的弹性胶质材料，将它喷涂在底盘及轮毂上方（一般厚度为 2～4mm），然后自然固结后形成的底盘保护层，可以降低沙石撞击的损伤，防腐防锈，如图 5-23 所示。除此以外，底盘装甲还能起到较好的隔音作用。因此，底盘装甲成为目前最行之有效的底盘保护措施。

图 5-23　涂有底盘装甲的车底

（一）底盘装甲的作用

1. 防锈、防腐蚀

有些底盘装甲是水性高分子橡胶与树脂聚合物，能够在车底盘形成带有韧性的涂层，可以有效防止雨水、酸雨、"盐气"、融雪剂等对汽车底盘的腐蚀，一次使用终身受益。

2. 隔音、降噪

增加底盘的密封性，降低行车时来自底盘的各种噪声（如沙石对底盘冲击的声音、空气高速流过底盘与地面之间产生的噪声）。

3. 减振、舒适

减少汽车底盘产生的共振，增加驾乘舒适度；发动机、车轮均固定在汽车地板上，它们的振动在某一频率上会与底板产生共鸣，使人产生很不舒适的感觉，而底部防护会消除一定的共鸣。

4. 夏季隔热、冬季保温

汽车底盘一般离地面 40～50cm，夏季行车时，底盘部件会有很强的导热性能，源源不断地将地面的高温传至车内，增加车内空调的负荷，费油费电。底盘装甲具有很好的密封性和阻隔性，可以大幅度增加汽车底盘的保温性能，降低空调油耗，冬天亦可保温。

5. 安全、保护

全面阻挡砂石对底盘冲击形成的破坏力，有效保护底盘不受损伤；预防底盘各个部件生锈、失效；保障驾驶的安全性。

6. 防托底、保值

底部护板材料可达数毫米，当底部被路面突起刮蹭时，底盘护板可减轻凸起物对底盘的伤害。二手交易时，由于底盘保护的好，还可以增值。

（二）底盘装甲的分类

（1）含沥青成分的底盘防锈胶。这是最早期的防锈产品，唯一可取的就是便宜，但是，沥青在干了以后会产生龟裂，有很多裂缝，藏在裂缝里的水，会造成"电池效应"，使车底盘的锈蚀更加厉害，对车的危害会更大。所以，最好不要用含沥青成分的底盘防锈胶做底盘装甲。

（2）油性（溶剂性）底盘防锈胶。这类产品都含有对人体有害的有毒物质（用来做稀释剂的溶剂，如甲苯），会破坏环境和损害人体健康，所以在一些环保要求严格的欧美国家已很少用了。另外，油性（溶剂性）产品的胶层很硬，稍微弯曲一下，胶层就会开裂，缺少弹性，在底盘隔音方面效果较差。

（3）水溶性底盘防锈胶。由于它的稀释剂为水，不含有毒物质，所以又称水溶性底盘防锈胶为环保型底盘防锈胶，目前在欧美国家大多是选用这类产品。水溶性底盘防锈胶附着力强、胶层弹性较好，底盘隔音效果显著，是做底盘装甲的首选材料。

（4）橡胶树脂型底盘装甲。综合了橡胶与树脂的固化能力，它弹性高，附着力好，而且耐用，在南方使用较多。

二、底盘装甲常用工具设备

（一）空气压缩机

空气压缩机主要用于提供充足的达到预定压力值的高压压缩空气源，以确保底盘装甲作业以及其他美容项目的顺利进行。如图 5-24 所示。

（二）高压清洗机（图 5-25）

高压清洗机用于汽车外表的清洗、发动机的清洗、底盘的清洗、车轮等的清洗。使用普通的自来水为水源，通过其内的电动泵再加压，输出的水流压力在 0.2～1.2MPa 范围内，并可以按需要进行调节。压力大时，能将黏附于底盘上的泥土冲洗下来。而冲洗风挡玻璃和钣金部分时，水压可按要求调小一点，以免造成损伤。

图 5-24　空气压缩机

图 5-25　高压清洗机

（三）吹尘枪（又名吹缝枪）

吹尘枪（图 5-26）是与空气压缩机配套使用的，是重要的清洗设备，种类较多。吹尘枪通常为外购件，不随空气压缩机附送，主要是用来吹除汽车各个缝隙的水分。

（四）底盘装甲用特殊喷枪

底盘装甲时由于所使用的底盘装甲材料固体含量高，必须使用特殊喷枪，如图 5-27 所示。

图 5-26　吹尘枪

图 5-27　底盘装甲喷枪

（五）遮蔽纸、遮蔽胶带（图 5-28）

其目的是使汽车不需要喷涂的区域保持干净，例如喷涂底盘装甲时用来遮蔽排气管、油底壳等部位。

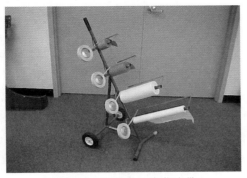

图 5-28　遮蔽纸、遮蔽胶带

三、底盘装甲施工工艺与操作示范

(一) 施工工艺流程

1. 第一步：清洗底盘

首先用举升机将汽车升高，拆除车轮和内叶子板保护胶板，用高压水枪冲洗底盘，如图 5-29 所示，去除底盘上黏结的油泥和沙子，还可以用常见的铁丝网刷，把车底附着的泥沙、油污、腐锈和其他杂物刮掉，直到露出金属的本色为止。再用吹水枪将缝隙中的水吹出，并用毛巾将水擦干，达到无水、无尘、无蜡的效果。

图 5-29 清洗底盘

2. 第二步：局部包裹

"底盘装甲"并非底盘全部装甲，像发动机油底壳、变速箱外壳、进排气歧管、排气管、避震弹簧、避震器、方向轴等部位，在喷涂时都要拿遮盖纸进行包裹，避免防锈材料喷在上面。由于发动机底壳、变速箱外壳需要散热，如果防锈材料喷在它们上面，会影响它们的散热；更加不能喷在排气管上，车辆行驶时排气管的高温，会将表面的附着物烤焦而发出难闻的臭味。所以，必须先用遮盖纸将这些部位遮盖，尤其注意车身上的传感器和减震器要遮盖好。如图 5-30 所示。

图 5-30　底盘局部遮盖

3. 第三步：仔细喷涂

　　仔细包裹好关键部位，就可以开始喷涂了。底盘防锈胶经高压喷枪喷出，均匀覆盖在车辆底盘上。一般来说，底盘装甲的厚度为 2～4mm。当然也可以根据顾客的要求反复喷涂。如图 5-31 所示。

图 5-31　仔细喷涂

4. 第四步：干透后装件（图 5-32）

如果天气晴朗干燥，汽车喷涂 2～4h 后就能投入使用，但完全干燥还需要等待三天，在这三天内最好不要用高压水枪对底盘进行清洗。干燥后的保护膜可以很好地黏附在清洁的汽车底盘上，具有极强的耐磨性和抗腐蚀性。

图 5-32　干燥

（二）注意事项

（1）施工前一定要对底盘及翼子板等施工部位进行清洗干净，否则会降低装甲产品的附着力，降低产品使用年限。

（2）施工前是需要拆卸四个轮胎的，很多不正规的商家不拆卸轮胎，造成施工不完全。

（3）排气管以及车轮一定要做好防护，这些部位属于散热部件，而底盘装甲是隔热产品，如果误喷，后果不堪设想。

（4）施工后三天内不要洗车，以免洗车工对底盘进行冲洗。

（5）既然决定底盘装甲施工，建议找一家专业的汽车装甲施工门店，无论是产品真伪、施工技师手艺还是售后服务都是有保证的。

第三节 倒车雷达及倒车影像

在汽车驾驶中，经常使用倒车，通过后视镜倒车，往往会顾及不到位置死角和汽车前方、侧方路况，造成刮碰等事故。现在大多选装倒车雷达或是倒车影像系统，在倒车时，能够检测障碍物和安全距离，特别是倒车影像系统，能够清晰地看到车后的路况和情景，确保倒车的安全性和准确性。

为了增加倒车安全，出现了倒车雷达和倒车后视技术。

倒车雷达依靠超声波回音探测距离并以通过不同频率的声音进行提示，如图 5-33 所示。它的显示屏仅用光标显示障碍物的方位和距离，而不能直接观察障碍物的实际状况。倒车视频影像就是在车尾安装了倒车摄像头，将车后状况显示于中控或后视镜的液晶显示屏上。倒车影像视频使车后状况一览无余，但是障碍物距离只是用模拟光标条近似表示，而没有倒车雷达距离显示精确。因此将倒车雷达与倒车后视结合，将能提供直观、精准的倒车指导，使倒车更加安全。

图 5-33 倒车雷达

一、倒车雷达

(一) 倒车雷达工作原理

倒车雷达大多采用超声波测距原理，驾驶者在倒车时，将汽车的挡位推到 R 挡，启动倒车雷达，在控制器的控制下，由装置于车尾保险杠上的探头发送超声波，遇到障碍物，产生回波信号，传感器接收到回波信号后经控制器进行数据处理，通过公式 $ct/2$（其中 c 为声速，t 为超声波发射到接收往返时间），从而计算出车体与障碍物之间的距离，判断出障碍物的位置，再由显示器显示距离并发出警示信号，如图 5-34 所示，从而使驾驶者倒车时不至于撞上障碍物。整个过程，驾驶者无需回头便可知车后的情况，使停车和倒车更容易、更安全。目前由于倒车雷达体积大小及实用性的限制，其主要功能仅为判断障碍物与车的距离，并做出提示。

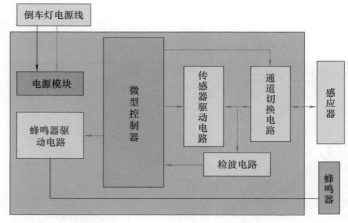

图 5-34　倒车雷达原理

目前较为常用的是压电式超声波探头，它有两个压电晶片和一个共振板，当外加脉冲信号的频率等于压电晶片的固有振荡频率时，压力晶片将会发生共振，并带动共振板振动，发出声波。接收声波信号时将机械能转为电信号。

　　通常的倒车雷达主要由传感器（探头）、主机、显示设备等几部分组成。系统电路主要由超声波发送、接收检测单元，时间计测，语音播报，屏幕显示等单元电路组成。传感器发出和接收超声波信号，并将接收到的信号传输到主机，再通过显示设备显示出来。传感器装在后保险杠上，以 45°角辐射，上下左右探测目标（见图 5-35），能探索到那些低于保险杠而驾驶员从后窗又难以看见的障碍物并报警，如花坛、蹲在车后玩耍的儿童等；显示设备装在仪表板上，提醒驾驶员汽车距后面物体距离和物体方位。当探头侦测到后方物体时蜂鸣器发出警示，当车辆继续倒车时，警报声音的频率会逐渐加快，最后变为长鸣音，提示驾驶员停车。

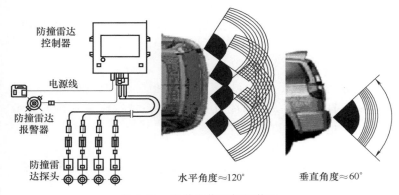

图 5-35　安装方位及探测范围

　　倒车雷达将超声波探头通过开孔的方式安装到保险杠上。而产品问世之初，是将探头直接贴在保险杠上，由于不美观，已经不再使用。载货车一般采用悬挂式感应器。

　　倒车雷达从连接方式上，可分为有线和无线两类。无线倒车雷达与有线倒车雷达拥有同样功能。与有线倒车雷达相比，无线倒车雷达的主机和显示器采用无线传播技术连接，避免了对车内饰进行拆卸。

根据显示设备种类不同，倒车雷达又可分为数字式、颜色式和蜂鸣式等 3 种。数字式显示设备安装在驾驶台上，直接用数字表示汽车与后面物体的距离，距离误差精确到 1cm。

（二） 选择倒车雷达注意事项

现在市场上各种品牌的倒车雷达众多，倒车雷达的质量直接关系到其能否起到应有的作用，比如产品的灵敏度、是否存在探测盲区、是否正常工作等。

1. 探头的数量

现在市面上的倒车雷达分别有 2 探头、3 探头、4 探头、6 探头及 8 探头。2～4 探头的倒车雷达一般安装在汽车的后保险杠上面，6～8 探头的倒车雷达一般安装是前 2 后 4，或前 4 后 4。通常来说，探头的数量决定了倒车雷达的探测覆盖能力，能减少探测盲区。6 个以上探头的倒车雷达在倒车时，可探测前左、右角。

2. 功能

可分为 LCD 距离显示、声音提示报警、方位指示、语音提示、探头自动检测等，功能较齐全的倒车雷达应该有距离显示、声音提示报警、方位指示等功能。

3. 颜色

探头的颜色应该和保险杠颜色一致。

4. 款式

款式的选择要考虑安装后整车的效果，是否显得大气，例如对于一些后保险杠较宽的车型，安装探头较薄较大，则安装后显得整车效果相当美观、协调，显得该车更加大气。

5. 产品质量

直接关系到倒车雷达所应起的作用。它包括：产品的灵敏度、是否存在盲区、产品是否正常工作。一般设计倒车雷达探测距离应为 0～2.5m。如果倒车雷达探测距离仅为 0.2～0.9m，会给司机的判断及采取措施带来一定的困难。尤其是如存在探测盲区，将使倒车雷达失去应有的作用。产品由待机状态转换为工作状态，是否有声音提示也比较重要，声音可以提示司机倒车雷达是否开始正常工作。

可以通过几种简单的方法来测试倒车雷达的质量。

（1）测试感应器的探测距离。自己用尺子测量车尾与障碍物间的距离，看与倒车雷达显示的数据是否一致。

（2）测试防水性能。拿几瓶矿泉水，用水冲感应探头，借此了解倒车雷达的防水性能，因为它关系到雨天倒车时的安全。

（3）测试感应器的有效探测范围。车主可以将障碍物通过不同角度切入感应器的测试范围，一个感应器的正常测试范围的夹角为 90°。

6. 适应性

由于全球环境的转变，夏季温度普遍偏高（室外温度约40℃），冬季温度偏低。某些品牌的倒车雷达适应性较差，在高低温的状态下，车未启动就产生报警，且对雷达的寿命有明显的影响。

在现实购买中，要货比三家，选择品牌厂家，产品质量且售后服务才有保障。

（三）倒车雷达使用注意事项

（1）倒车雷达在使用中应注意的问题有以下几点。

① 安装问题。安装位置的高低、角度以及感应器分布的距离，应根据不同的车型，有不同的要求。一般不宜安装在铁质保险杠上，因为这样会影响探测结果。

② 盲区问题。千万不要以为装了倒车雷达就万无一失了，它只能作为一种参考。因为倒车雷达的感应器也有探测盲区，装了感应器的车主，特别要注意车后中间地带。感应器要经常保持清洁，特别是雨雪天，泥水和冰雪覆盖住感应器，感应器就会

失灵。

③ 适应问题。倒车雷达的使用需要一个适应过程。一般在刚开始使用时，应尽量多下车看看，以便准确了解其显示的数值与实际目测距离相差多少。由于感应器测量角度的影响，总有一些误差。

④ 目测结合问题。遇到光滑斜坡、光滑圆形球状物、棉絮团、花坛中伸出的小树枝时，要加以目测，因为这时感应器的探测能力大为下降，提供的数据不会非常准确。遇到天气过热或过冷、过湿、路面不平和沙地时，也不能掉以轻心，要多回头看看后面的情况。

⑤ 进退问题。听到蜂鸣器连续音时，应当及时停车，因为此时车已到危险区域。倒车时，车速一定要慢，以免车身因太大的惯性力碰到障碍物。

（2）在以下这几种情况下，雷达是不会做出反应的。

① 过于低矮的障碍物。一般来说低于探头中心 10～15cm 以下的障碍物就有可能被探头所忽视，而且障碍物距离车位距离越近，这一高度值也就会随之降低，危险性也随之增大。

② 过细的障碍物。由于雷达探头发射的声波信号较窄，因此在探测较细的障碍物还存在着较大的盲区，一些道路上用来阻隔车辆的隔离桩，电线杆上的斜拉钢缆都是危险物品。

③ 沟坎。雷达是用来探测障碍物的，车后若有沟坎，那么雷达是绝对不会做出反应的。由于倒车雷达采用声波探测，吸收声波或声波反射弱的物体雷达可能无反应。

④ 冬天避免冰雪覆盖。

二、倒车后视系统

虽然倒车雷达的优势很明显，但是它同样存在着不容忽视的缺点。那就是对地面凹陷的探测几乎无能为力，而且对于比较细的电线杆，建筑物上凸出的铁架子，都比较不敏感。所以，如果在倒车时没有注意到后面是否有坑或电线杆之类的，很容易发生事故。

相比倒车雷达，倒车后视系统更加直观。当挂倒车挡时，该系统会自动接通位于车尾的高清摄像头，将车后状况清晰地显示于液晶显示屏上，可以准确把握后方路况。

（一）汽车后视系统工作原理

汽车后视系统是由装在车尾的车载摄像头把车尾部摄取的画面，通过传输线把信号送到安装在驾驶位置处的车载显示器，通过图像的方式显示车辆周围的障碍物情况，通过扩大驾驶者的视野，帮助驾驶者观察车辆周围情况，及时发现障碍物，从而增加驾驶的安全系数、辅助驾驶员安全倒车的产品。如图 5-36 所示。

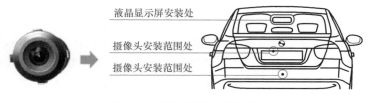

液晶显示屏安装处

摄像头安装范围处

摄像头安装范围处

图 5-36　倒车影像安装位置

倒车后视分有线和无线两种，有线的方式简单可靠，但是需要在车体内布线；无线的方式不需要在车体内布线，安装简单。

有线倒车后视系统由车载显示器、倒车摄像头、传输线组成。如图 5-37 所示。

（二）选择汽车后视系统产品注意事项

1. 工作电压范围

工作电压范围是决定汽车后视系统的关键，因一旦电源电路出现问题，轻则烧坏车载显示器、摄像头，重则烧坏车上电路。小车工作电压是 12V，大车的电压是 24V，一般来说电压适应范围越宽越好。车上的电压波动范围很大，特别是冷启动时、旧车

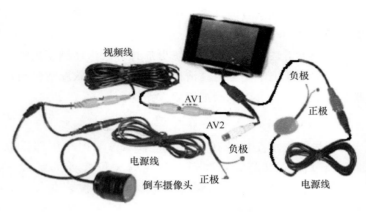

视频线

AV1

AV2

负极

正极

负极

正极

电源线

倒车摄像头

电源线

图 5-37　有线倒车后视系统组成

等，存在电压波动范围。

2. 画面色彩及清晰度

图像画面清晰度也是决定倒车系统产品选择的重要因素，它主要取决于车载摄像头、车载显示器。目前整个市场上，车载摄像头的主芯片，分 CMOS 芯片和 CCD 芯片两种。CMOS 主要应用于较低影像品质的领域中，它的优点是制造成本、功耗较CCD 低，缺点是 CMOS 摄像头对光源的要求较高，画面质量及色彩较差，特别是晚上，图像画面更差。CCD 应用在摄影、摄像方面的高端影像画面的领域中，具有图像画面清晰、色彩逼真、照度低、晚上成像效果佳等特点。可以根据客户的要求来给客户配置。车载显示器，有模拟屏和数字屏区别。

3. 抗震性能

因车载环境不同于安防环境、安防场所，是固定静止状态，而车载上面，则每天不停地运动，震动性很大。

4. 安装结构

安装结构也是决定系统产品的要素，目前市场上有 RCA 接口、BNC 接口、航空接口。RCA 接口和 BNC 接口均是安防上用的接口，用于车载上面，震动大，工作时间长了，容易出现接触不良的情况；航空接口是整车厂配套的，具有防震、防水、抗干扰等特点。

5. 全套匹配

全套匹配是指车载显示器与摄像头信号的匹配。专业的倒车后视系统，则是需要显示器与摄像头全套配套检测，确保不会出现信号不匹配、色彩失真的情况。

三、汽车倒车雷达的安装

（一）黏附式安装

它仅限于具有粘贴性探头的报警器，这种方法无需在车体上开孔，只将报警器粘贴在适当位置即可，这种报警器一般安装在尾灯附近或后备厢门边。具体的安装方法如下。

（1）将附带橡胶圈套在感应器（探头）上，引线向下并与地面垂直。

（2）确定感应器（探头）安装位置。

（3）将感应器（探头）沿垂直方向贴合。

（4）用电吹风将双面贴加热，然后撕去面纸，贴到确定部位。

（5）将报警器的闪光指示灯安装在易被司机视线捕捉的仪表台上。

（6）将控制盒安装在不热、不潮和无水的后备厢侧面。

（7）将蜂鸣器安装在后风挡玻璃前的平台上。

（8）将感应器（探头）屏蔽线隐蔽铺设，以防压扁、刺穿，并起到美观的效果。

黏附式安装的缺点就是容易掉落。

（二）开孔式安装

1. 探头安装

第一步：走线。布好倒车雷达经过的线路。

将后椅拆开以进行走线，后椅和塑料壳都要拆开。

线束需避开高温、高压位置安装。破头接线处要绝缘包扎。

第二步：根据倒车雷达说明书里的具体数字指标，测量探头安装定位位置。

倒车雷达探头装得太低会出现假报警，太高则出现漏报。一般应该装在车的后保险杠上，一般离地高度：车前的安装 45～55cm，车后的安装 50～65cm。如图 5-38 所示。

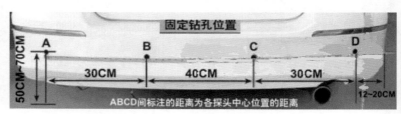

图 5-38　安装位置

第三步：开始打孔，打孔前有个预定位操作很关键。如图 5-39 所示。

图 5-39　按照预定位来打孔

拆开后保险杠安装探头，如图 5-40 所示。注意：探头有上下方向，不能装反，要按 UP 朝上安装。

探头引线汇总，注意探头自左向右有标识顺序，不能错。

2. 主机安装

主机粘贴位置，可以用螺钉锁在左侧车体铁板上，这样更牢靠。建议尽可能安装在左侧靠近驾驶员的地方，那样布线和安装

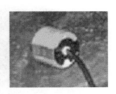

图 5-40　探头安装

主机也相对简单牢靠。如果主机与显示器为无线传递，则主机应靠近显示器。

3. 电源连接

由于倒车雷达是在挂上倒挡、倒车灯亮的时候起作用，因此电源取线可和倒车灯并接。电源接线应规范，采用分四股双绞接，并用电烙铁焊接。

4. 显示器安装

第一种：无数字显示距离的倒车雷达，只带语音提示，这样就可以把喇叭放到后座台面，不影响美观。

第二种：带距离显示屏的如图 5-41 所示，显示屏放在驾驶台。报警显示器安放在前仪表台上，需要通过拆卸线路槽扣板进行门下侧布线。

图 5-41　雷达显示屏

第三种：原车的倒车后视镜上加一个大视野后视镜，带倒车雷达显示，如图 5-42 所示。

图 5-42　后视镜雷达显示

在日常的保养过程中需注意保持探头外表清洁，经常洗车，让倒车雷达保持良好的工作状态。

四、汽车后视系统的安装

倒车摄像头的安装角度，不同的车型，有不同的安装方法。不同的摄像头，其可视角度也不一样。

1. 摄像头安装程序

（1）取下车牌。

（2）取下后备厢里层。

（3）打开车牌灯盖。

（4）将摄像头电源线从车牌灯孔穿入车内，并固定线路。

（5）将摄像头固定在车牌架上。

（6）将摄像头电源线按正负极关系接到倒车灯的电源上。

（7）还原车尾所拆部件。

（8）显示屏电源插入点烟器，放置好显示屏。

（9）启动汽车，挂上倒车挡，即可显示倒车影像。

2. 无线倒车可视系统

无线倒车可视系统在摄像头内部或者外部增加了视频信号无

线发射部分，在显示器内部或外部增加了视频无线接收部分。视频信号通过无线系统发射与接收，省去了部分连线，减少了部分工作量。但是无线传输的稳定性低于有线系统。无线后视系统组成比有线增加了视频发射与接收器，其他仍为摄像头、显示器、传输线等。如图 5-43 所示。

无线倒车可视系统安装步骤和有线系统安装基本相同。

安装方法：

（1）取下车牌；

（2）拆下后备厢里层；

（3）打开车牌灯灯盖，将摄像头电源线通过车牌灯孔传入车内；

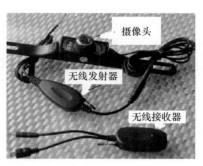

图 5-43　无线倒车可视系统

（4）将摄像发射极贴在后备厢方便的位置（发射板放在钢板的夹层里会影响接收效果）；

（5）把摄像头固定在车牌架上；

（6）将摄像头电源线引到倒车灯位置，按照正负极分别将电源线接到倒车灯的电源上；

（7）还原车尾所拆开的部分，摄像头安装完毕。

注意事项：

（1）须将发射板放在能通向车前端的地方。不能放在车后盖的钢板夹层中，这样可能由于钢板阻隔，会影响到摄像头和显示屏安装好后无信号或图像不佳。

（2）安装完毕后应注意检查在倒车时摄像头的夜光灯是否开启工作，如果没有开启表示电源未接通。

第六章

汽车车身外部装饰

改装是指根据汽车车主需要，将汽车制造厂家生产的原形车进行外部造型、内部造型以及机械性能的改动，主要包括车身改装和动力改装两种。

第一节　车身彩贴和保护膜装饰

车身彩贴和保护膜的装饰，通过改变车身局部颜色，不仅可以起到装饰美观和彰显个性的效果，而且可以显示特殊的标识，便于识别，也可以掩饰局部的缺陷，还起到保护作用。正确选用车身装饰材料，实施科学的工艺，不会影响和破坏车身漆面性能。

汽车彩贴和保护膜是一种采用乙烯基的高分子材料制作而成的具有多种颜色的薄膜，可用以覆盖在汽车上，改变整车或者车上某一部分的颜色。高质量的改色膜对漆面不会有任何危害。

一、汽车车身装饰分类

（1）保护类：为保护车身安全而安装的装饰品，如保险杠、灯护罩等。

（2）实用类：为弥补轿车载物能力不足而安装的装饰品，如行李架、自行车架、备胎架等。

（3）观赏类：为使汽车外部更加美观而安装的装饰品，如彩条贴、金边贴、全车金标等。

车身彩条的装饰是上述的第三种类型。在车身上粘贴形状、色彩各异的彩条贴膜，不仅能突出车身轮廓线，还能协调车身色彩，给人以丰富的联想和舒适的心理感受，使车身更加多彩艳丽。如图6-1所示。

图 6-1　车身彩条装饰

二、车身彩条装饰的粘贴步骤

车身彩条有两种类型：一是不可撕离表层的贴膜，它由彩条层和背纸层组成，彩条层正面是彩条图案，背面是黏性贴面；二是可撕离表层的贴膜，它由背纸层、彩条层及外保护层组成，彩条层也是由彩条图案和黏性贴面两面组成，如图6-2所示。

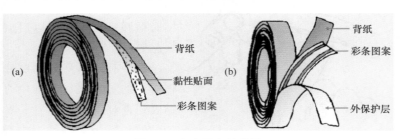

图 6-2　车身彩条的类型

市场上的彩条所用材料，绝大部分是塑料制品和金属制品，以塑料最多。由于汽车工业的飞速发展，装饰配套件厂也如雨后春笋发展起来了，配套装饰产品也层出不穷，为选购装饰件提供了方便。以后饰条为例，其形状如图 6-3 所示。

图 6-3　彩条的材质

（一）直线形粘贴（图 6-4）

直线形粘贴的步骤如下。

（1）测量所需贴膜的长度。将贴膜拉直，并剪下比所需长度长几厘米的胶带。

（2）清洗车身，保证车身表面清洗干净。

（3）将贴膜的背纸撕去，并将前面几厘米贴到要贴的位置，如图 6-4 所示。

（4）抓住贴膜的松端。避免手指弄脏贴膜，皮肤上的油脂会影响附着性能。

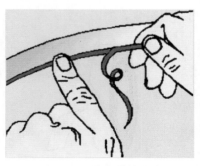

图 6-4　直线形粘贴方法

（5）小心地拉紧贴膜，但注意不要拉长。如果在粘贴时贴膜被拉长了，以后就会起皱。

（6）利用车身的轮廓线作对齐的参考线，仔细检查贴膜是否对齐。

（7）彩条对齐后，小心地将贴膜剪下，贴到车身表面上。一个长条要一次完成粘贴，不能分段粘贴，以保证直线度。

（8）再次检查彩条对齐情况，如果彩条不够直，小心地把贴膜撕开，再试一次。

（9）用橡胶滚子或软擦布压擦贴膜。

（10）贴膜末端可使用小刀或单刃剃刀切割，注意动作要轻，切勿划破车身表面涂层。

（二）曲线形粘贴

当粘贴复杂的曲线时，应使用底图的帮助（如曲线板）或用画线笔绘制导向图。

以可撕离表层的彩条贴膜为例，其曲线形粘贴的步骤如下。

（1）剪下足够用的贴膜。

（2）用右手画出曲线的弧，在曲线成形后，用左手的食指把贴膜按压在车身上。

（3）不要撕去过多的背纸，为避免弄脏附着表面，手持贴膜处的背纸不要撕去。

（4）保持两手沿固定的曲线运动。曲线运动过程当中可能会需要一些轻度的拉长，但尽可能避免出现拉长。

（5）如果第一次操作失败，小心地撕开贴膜再试一次。在不好操作的某些情况下，可两手交替进行粘贴。

（6）曲线贴膜贴好后，将其压紧，以获得持久的附着性能。

（7）其他操作项目与直线粘贴相同。

正确的曲线形粘贴方法如图 6-5 所示。

（三）宽幅彩色贴膜粘贴

宽幅彩条贴膜一般有可撕表层的贴膜。当彩条宽度达到或超过 76mm 时，最好采用湿

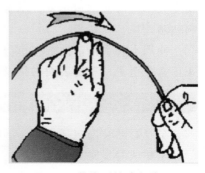

图 6-5　曲线形粘贴方法

贴的方法。

其粘贴步骤如下。

（1）将1杯中性清洗剂与4L清水混合。该溶液使得贴膜更容易控制，并使其在永久黏附之前可以正确地定位。

（2）将溶液倒入塑料桶或喷雾罐中。测量并剪下所需长度的贴膜，多加几厘米以防出错。

（3）将背纸慢慢地撕去，小心不要弄脏附着表面。

（4）用剩余的水和清洗剂溶液将贴膜的附着表面彻底弄湿，这将使附着力暂时发挥不出来。

（5）按住标签指示的数量，将溶液喷涂到车身上去，将贴膜定位在车身上。当贴膜附着表面和车身表面都是湿润的时候，整条贴膜部可以轻松地移动。

（6）一旦贴膜定位好之后，将其下的水挤出来，使其牢牢地贴在车身表面上。为避免贴膜起皱，挤压时不要太快，不要太用力。所用的压力足够将水和空气挤出去就可以了。

（7）将表层从贴膜的末端开始慢慢地撕开，一直撕到贴膜的另一头，中间不要撕断。

（8）按前面介绍过的方法，修整车门和翼子板边缘的贴膜。

（四）粘贴条件

贴纸的工作环境在16～27℃为宜。因为温度过高会导致贴膜变大，湿溶液迅速蒸发；温度过低会影响贴膜的柔性，从而影响粘贴效果。

使用水和中性清洗剂将车身表面彻底清洗干净。为了能把彩条正常贴上去，车身表面必须没有灰尘、蜡和其他脏物。

三、车身彩贴装饰的粘贴步骤

车身彩贴装饰包括干贴、湿贴两种方法，以干贴法为例。

干贴法的步骤如下。

（1）将要贴的车身位置清洗干净，不能沾有灰土和油污。清洁干净后，就可以将贴花的白色底纸撕掉，如图 6-6 所示。

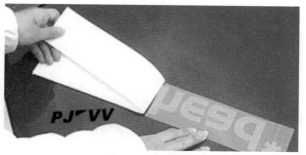

图 6-6　撕掉底纸

（2）往贴花的带胶面上喷少量的水，如图 6-7 所示。

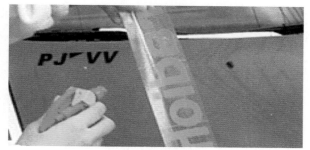

图 6-7　喷少量水

（3）准备就绪后，拿好贴花，目测对准位置平缓地贴上去，如图 6-8 所示。

图 6-8　贴好位置

（4）贴上后用刮板来回缓慢刮压几次，挤压干净里面的水和气泡，如图6-9所示。

图 6-9　挤压水和气泡

（5）确认贴花已经刮压平整后，即可将表面的转移膜均匀、缓慢地撕下来。

四、汽车保护膜装饰

车身漆面保护膜是指将一种专用高性能乙烯基车漆膜包覆在车身上，从而实现车漆的改色、保护及装饰。

保护膜装贴的主要部位为原车的前后保险杠、引擎盖板前缘、轮辋前缘、后视镜外缘、门外缘、开门把手内缘、钥匙孔、行李箱及侧门踏板等。

（一）保护膜的安装工具及施工环境

保护膜的安装工具及施工环境如图6-10所示。

（二）保护膜的标准安装流程

保护膜的标准安装流程如图6-11所示。

1. 车况勘验

询问漆面是否做过修补。

若非专业修补漆面处修理，有可能对漆面造成损伤，告知客户可能的风险。

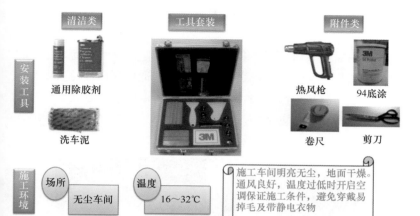

图 6-10　保护膜的安装工具及施工环境

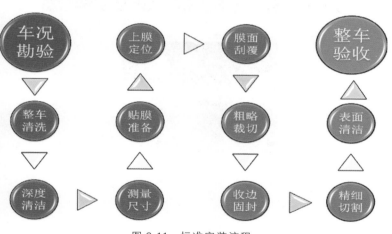

图 6-11　标准安装流程

2. 车辆表面缺陷记录

告知客户车漆表面存在的缺陷并记录，若较为严重，可建议客户进行漆面处理。

3. 整车清洗

使用高压水枪冲洗整车表面，去除表面灰尘、泥土、鸟屎、油污等表面污染物，用毛巾擦干车身表面残水。

4．内饰条等清洁

（1）深度清洁（图 6-12）。用洗车泥清洁漆面表面，去除油漆表面氧化层及附着力较强的污渍，使用通用除胶剂除去车身表面残胶，用酒精溶液清洗，去除漆面残留的油渍及蜡质，使改色膜与漆面有良好的黏结力。

（2）手工清洁。

反面清洁　　　　　　　酒精溶液清洁

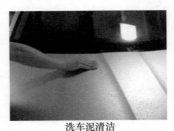

洗车泥清洁

图 6-12　深度清洁车辆

5．贴膜准备

（1）贴膜工具准备。

刮板：用于刮覆改色膜表面，鹅毛绒板较软，塑料刮板较硬。

滚轮：用于弧度较大处的膜面贴服。

烤枪：用于轻微折痕的烘烤消除和收边固定。

（2）车间降尘处理。

（3）适当钣件拆卸。

（4）再次清洁漆面。

6. 测量尺寸

测量时选取长宽最大处，为减少浪费和充分利用材料，可在裁剪前对要贴膜的表面进行打版。根据实际测量和打版，在裁膜台裁取合适的膜长宽。

7. 上膜定位（图 6-13）

上膜时按照贴膜部位的尺寸，轻轻放下，两人配合向四角拉伸平铺于漆面，去除大部分气泡。

图 6-13　上膜定位

8. 膜面定位与刮覆（图 6-14）

选取合适的部位进行定位。以前引擎盖为例，通常先中间赶覆定位，再顺势自然定位左右两侧。

图 6-14　膜面定位与刮覆

（三）保养及注意事项

（1）避免硬物刮擦膜和用力擦洗膜表面，刮擦和磨损的痕迹会影响膜的整体效果。

（2）清洗车辆时，避免使用刷子和腐蚀性化学物质。

（3）停车时避免停在灌木丛或其他易刮擦到漆面的地方附近。

（4）使用无磨料、不含强溶剂且 pH 值在 3～11 的清洁剂擦拭。

（5）清洁后使用清水冲洗，并用干净、柔软的布料或橡胶刮板擦干，防止水渍残留。

（6）不建议在膜面打蜡或者抛光。若膜表面蜡斑残留，可使用清水清洁。

（7）洗车时避免用高压水枪对膜边缘冲洗。

（8）贴膜后一周内避免洗车，以保证胶和漆面产生最好的结合力。

第二节 车灯装饰

汽车车灯不仅影响汽车外观的美观，更重要的是其性能直接影响汽车行驶的道路安全性，对汽车车灯进行装饰或改装，其一要不能超出交通法规的许可范围，其二，不能破坏或是影响全车线束的承载能力。通过对汽车车灯的装饰，打造外形各异的灵动，增加夜色中色彩感，更重要的可以提高车灯性能，提高行车的安全性。

车灯包括照明和标示两类，如图 6-15 所示，常见照明系统只包括法律要求的前照灯、尾灯和牌照灯。

按照车灯功能可以将车灯分为夜行灯、信号灯、雾灯、夜行照明灯。

图 6-15　车灯照明和标示

（一）增加汽车美观性

目前市场上有许多装饰性车灯，外形各异，制造精美，每当夜幕降临，打开装饰灯，神秘的色彩给驾车人增添了极其强烈的个性。如图 6-16 所示，这种设计别致的装饰灯在打开后，对面看到的是随车辆角度的变化、灯光颜色随之变化的景象，车辆在道路上行驶也安全了许多。

图 6-16　装饰性车灯

（二）提高照明质量，保证行车安全

一般国产车的原厂车灯出厂时的色温为 3000K，经过一年使用会降到 2500K，甚至 2000K，如果继续使用，会明显影响照明质量，采用新型高效的车灯能够提高亮度，放宽视野，从而提高夜间行车的安全性。

二、前照灯（大灯）

（一）对前照灯的基本要求

（1）为保证行车安全，要使驾驶员能辨明车前 100m 以内路面上的任何障碍物。要求汽车远光灯的照明距离大于 100m。这个数据是依据汽车的行驶速度而定的。随着现代汽车行驶速度的提高，照明距离的要求会有所增大。汽车近光灯的照明距离在 50m 左右，位置的要求主要是照亮照明距离内的整段路面和不得偏离路面两点。

（2）前照灯应该具有防眩的装置，以免夜间行车车辆迎面相遇时使对方驾驶员眩目而造成交通事故。夜间两车交会时使用，光束向下倾斜，照亮车前 50m 内路面，从而避免引起迎面来车的驾驶员炫目。

（二）前照灯的结构

前照灯的光学系统包括灯泡、反射镜、配光镜三部分，如图 6-17 所示。

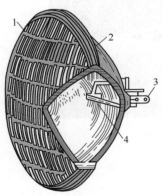

图 6-17 封闭式前照灯结构
1—配光镜；2—反射镜；
3—插头；4—灯泡

（三）灯泡的类型

1. 充气灯泡

灯丝：钨丝。

弊端：钨丝受热后会蒸发，从而缩短了灯泡的寿命。

方法：制造时抽出空气，充入 86% 的氩气和 14% 的氮气的混合惰性气体。

2. 卤钨灯泡

弊端：虽然抽出了空气，但灯丝钨仍然会蒸发。

原理：将蒸发出来的气态钨与卤素反应生成一种挥发性的卤化钨，扩散到灯丝周围高温区受热分解，钨重新回到灯丝上，被释放出来的卤素（碘、溴、氯等）继续参加下次反应，卤钨灯泡尺寸小，泡壳机械强度高。如图 6-18 所示。

图 6-18　卤钨大灯泡

3. 氙气大灯（HID）

（1）基本原理　氙气灯的工作原理是在抗紫外线水晶石英玻璃管内，以多种化学气体充填。其中大部分为氙气与碘化物等惰性气体，通过镇流器将汽车上 12V 的直流电压瞬间增压至 23000V 的电压，高压激发石英玻璃管内的氙气电子游离，在两电极之间产生光源，这就是所谓的气体放电。如图 6-19 所示。

（2）特点　同功率下 HID 灯的亮度是卤素灯的 3 倍，和钨

图 6-19　氙气大灯

丝灯相比，能够节约 50％的电能。其寿命长，可达 2000h，亮度和舒适度较高，灯泡会越用越亮。

（3）分类　氙气灯按灯泡形式一共分 6 种：带透镜的远光灯、带透镜的近光灯、H1（远光灯泡）、H3（雾灯）、H4（远近光灯泡）、H7（近光灯泡）。

（4）构成　构成一套完整的氙气灯系统需要三个部分：一个氙气灯泡作为光源，一个高压电子控制启动装置和专门为氙气灯设计的灯具，缺一不可。

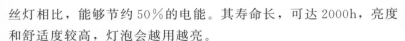

三、辅助型车灯和探射灯

（一）辅助型车灯

辅助型车灯，又称竞技型车灯，如图 6-20 所示。

作用：提高在恶劣天气下亮度和光线的穿透力。

类型：白光型、聚光型、雪雨雾灯型。

图 6-20　辅助型车灯

（二）探照灯

一般安装在越野车和工程车车顶，可 360°旋转，具备很高的亮度和技术性，如图 6-21 所示。

图 6-21　探照灯

（一）夜行示宽灯

夜行示宽灯，又称小灯，如图 6-22 所示。其作用是用来在夜间显示车身宽度和长度。现在装饰行业一般也会选其他颜色的小灯来代替原来的橘红灯。

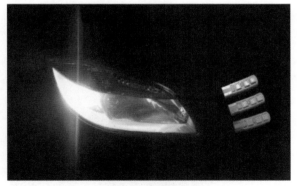

图 6-22　示宽灯

（二）制动灯和高位制动灯

1. 制动灯

制动灯亮度较高，用来告知后车前车要减速或停车，此灯如使用不当极易发生追尾事故。如图 6-23 所示。

图 6-23 制动灯

我国目前尾灯都是"一灯两泡"。即，刹车灯和小灯共用一个灯罩，亮度低的是小灯，亮度高的是刹车灯。

2. 高位制动灯

高位制动灯也称为第三制动灯，它一般装在车尾上部，以便后方车辆能及早发现前方车辆而实施制动，防止发生汽车追尾事故。由于汽车已有左右两个制动灯，因此人们习惯上也把装在车尾上部的高位制动灯称为第三制动灯。如图 6-24 所示。

图 6-24 高位制动灯

（三）转向灯

在车辆转向时开启，断续闪亮，以提示前后左右车辆和行人注意。有的车型还加装有转向闪鸣器，发出"滴滴"声。如图6-25所示。

图 6-25　转向灯

（四）雾灯

雾灯可以帮助驾驶员在有雾的天气环境下提高可见度，并保证被迎面车及时发现，有效避免事故的发生。如图 6-26 所示。

图 6-26　雾灯

雾灯不可以常开，原因有：雾灯功率非常大，一般都在100～200W；无雾的天气会使迎面车有强烈的炫目感，甚至会暂时眩晕。

（五）倒车灯

倒车灯提供了倒车的照明，一般要求具有较高的亮度和透光性，所以最常见的倒车灯罩是白色的，同时，大多数货车安装有倒车警报器，发出"滴滴"声或人声语言提示。如图 6-27 所示。

图 6-27　倒车灯

（六）内部照明灯

用于一般的照明和指示，发光强度一般不超过 2cd，如车上安装的阅读灯。如图 6-28 所示。

图 6-28　阅读灯

五、氙气灯的改装方案及安装

（一）氙气灯的改装方案

氙气灯主要改装部分有三点。

1. 将卤素灯泡换成氙气灯泡

优点：由于市场上已经推出了适配 H7、H4、H3、H1、HB3、HB4 等卤素灯泡的氙气灯泡，因此几乎所有的车型都可以适用。

缺点：一方面由于氙气灯泡与原卤素灯泡的大小、尺寸都不尽相同，发光部分必然偏离了焦点位置，从而使车灯出现不聚光、无正确的远光功能等严重的负面影响，甚至导致会车炫目的概率成百倍地增加；另一方面由于更改了原车的电路，一旦出现产品质量问题，很可能引发短路起火。

2. 更换前大灯总成

优点：这种改装方式主要采用原配套氙气前大灯，即氙气光源配合专门为其设计的配光镜和反射镜，因而成为一种最理想的改装方法。

缺点：价格昂贵。

3. 在车头或车顶加装氙气辅助灯

优点：这种改装相对比较灵活，用户可以根据车辆的前围造型和自己的喜好挑选适合的产品，选择合理的安装位置进行安装，满足个性化的需求。氙气辅助灯以远光灯为主，外径一般小至 80～90mm，大至 200mm，分别可适合卡车、越野车、轿车等不同车型。

缺点：对于车辆前围保险杠及格栅有一定的尺寸要求，需仔细测量后再予以改装。许多车友们一味地追寻酷炫和个性，陷入了改装的误区，误认为灯泡越亮越好，因此进行车灯改装。具体有两种方法：加大原车灯泡功率和改装氙气大灯。不过这些方法也不同程度存在隐患。

灯泡瓦数加大，电流和热量成倍增加，容易导致灯具老化以及灯头熔化加速，还给发电机、保险丝、电瓶带来过大的负担，许多自燃的车辆都是由于这种提高功率改装造成的，因此，基本上照明专家不建议采用这种办法给车灯提亮。目前市场上有一种正常功率（55~60W）的升级卤素灯泡，如飞利浦极劲光、夜极光车灯，就是在不改变功率的情况下，通过高科技工艺生产出的高亮度灯泡。值得注意的是，这些灯泡的另一个优点是完全符合国家法规，不会对对方行驶造成障碍。

氙气大灯改装也同样存在隐患，氙灯其实只是一个统称，因为市场上从售价1500元国产的到上万元进口的HID都叫氙灯，但品质良莠不齐，甚至有些国产氙灯貌似氙气大灯，但非正统高压放电光源，再加上成本低廉的高压包和改装线组，很大程度上损伤了原有灯具和电气系统，另外，由于氙灯的照明强度较高，散射状的高亮度灯光反而容易引起交通事故。因此，对于亮度要求高的车主，通常建议使用升级卤素灯泡或者选用品质有保障的品牌氙气大灯组合套件。

另外，考虑到很多年轻人喜好白光，而又苦于正规品牌氙气大灯的价格难以承受，不少国际品牌特别在中国市场上推出了白光型升级卤素灯泡，这些产品与汽车出厂配备的普通卤素车灯相比，在颜色、亮度和寿命上都有很大提升，而且价格远远低于氙气大灯，如不少车主钟爱的蓝钻之光和银战士升级卤素头灯，较其4200K氙气大灯便宜80%以上，经济实惠，而又不失风雅，从而成为年轻有车一族的新宠。

（二）氙气前照灯的安装方法

（1）检测车灯的型号是否与本车相符。

（2）把原车灯拆下。

（3）拆去原线路的接线，在适当的位置用开孔器开一个直径25mm的孔，用于氙气灯线的引进。

（4）拆开氙气灯安全筒。

（5）装上氙气灯泡并扣紧，高压线由开孔处引出，再将高压线上的防水胶圈护住开孔，防止水和尘土进入前照灯。

（6）将镇流器固定在适当的位置。应使镇流器远离热源。

（7）接上灯泡和镇流器高压线（插头对接）。

（8）接上 12V 电源线控制线（红为正，黑为负）。

（三）氙气灯安装后常见的问题及处理方法

现象 1：安装后会有散光现象发生。

处理方法：检查一下灯泡的安装位置是否正确。灯壳的聚光效果不好，如有可能，建议更换新款的灯壳。

现象 2：安装后会有闪光现象发生。

处理方法：先用相关仪器检查一下大灯线路电源是否稳定。更换安定器，查看故障是否仍然存在。更换灯泡，查看是否排除故障。

现象 3：安装后会有闪光并时常有熄灭现象。

处理方法：查看大灯线路工作电流是否正常。查看大灯线路是否经过行车电脑，如有经过，需将行车电脑内的大灯改掉后方能恢复正常。

现象 4：安装后无法启动车灯。

处理方法：查看线路是否安装正确。启动时大灯线路是否有供电不足现象。查看汽车电瓶是否亏电严重。

现象 5：安装氙气灯后晃眼。

原因：改装时，氙气灯少装了透镜。鱼眼一般的透镜用来聚光，从而保护路人和对面司机的眼睛。

第三节　车身大包围

　　车身大包围，可以起到整车大气和美观的效果，也可以改善汽车行驶中车身周边空气流动，提高汽车的安全稳定性能，也起到在碰撞中对汽车的防护作用。特别是运动版的车型，选装车身大包围，增加动感，提高高速运动的稳定性和安全性尤为重要。

　　汽车车身大包围，又称为"空气扰流组件"，用于改善车身周围的气流对运动中车身稳定性的影响。通常指车身下部宽大的裙边装饰，一般由前包围、侧包围、后包围、轮眉、挡泥板和门饰板组成。如图 6-29 所示。

图 6-29　车身大包围

一、车身大包围的作用及种类

（一）车身大包围的作用

（1）改善气流。

（2）改善外观。

（3）提高汽车行驶稳定性。

（4）提高操纵安全性。

（二）汽车大包围的种类

（1）加装款。此类产品不需要改动原车，是在原来的保险杠上加装半截下唇。此款大包围安装技术要求不高，两名熟练工人半个小时即可装好一台车。由于采用的是 3M 胶加扣件的安装方式，若想再次拆下大包围也很容易，如图 6-30 所示。

（2）保险杠款。此类产品是将原来的前后杠整个拆下，然后再装上另一款保险杠。此类大包围可以大幅度地改变外观，更具个性化，如图 6-31 所示。

图 6-30　加装款车身大包围

图 6-31　保险杠款大包围

二、车身大包围的特点及材质

（一）车身大包围的特点

1. 类型多样化

车身大包围装饰件的制造特点是小批量、多品种，呈现多样化。

2. 轻量化

大包围在制作过程中使用的材料主要是塑料（玻璃钢）、金属（新型碳纤维和铝碳合金）。由于大量采用轻量化材质制造，所以在很大程度上降低了车身自重。

3. 车身造型一体化

美观性和车身造型一体化以及互联网技术的高度发展，国外先进的造型设计和结构性设计使大包围的造型趋向于车身造型一体化。

4. 生产规模化

伴随着大量消费者的出现，车身大包围的生产开始向以某种成熟车型为主，而大量开发制造的模式进行转变，生产由原来的散户、小量转变为规模化生产。

（二）大包围套件的材质

1. 塑料大包围

塑料是各名牌汽车改装厂如奔驰的 AMG、宝马的 AC-SCHNITZER、奥迪的 ABT 等必装大包围的主要材料，因为塑料可进行细微的成分和性能调整，且成型性好，因此塑料大包围套件的质量也比较高，但成本也造成产品价格较贵。

2. 玻璃纤维大包围

玻璃纤维大包围制作方便，对模具和生产设备要求不高，制造成本低廉，市场运作较快。但是塑性低，安装比较慢，抗冲击能力差，易碎。现在已基本上不再使用。

3. 合成橡胶大包围

合成橡胶大包围主要特点是抗冲击能力强，不易变形、断裂、耐候性好，安装方便，采用钢模制造，规格标准，外形平滑，漆膜质量高。目前市场上采用较多。

三、车身大包围设计原则

大包围的设计要讲究以下几个原则。

（1）整体性原则：要将汽车的前、后、左、右各包围件作为一个整体进行设计。

（2）协调性原则：各包围件的造型和颜色要与车身相协调。

（3）安全性原则：汽车安装大包围后绝不能影响整车性能和行车安全，设计中要考虑路面状况以及原车的减振性能，一般情况下，所有饰件离地面应保持一定距离（至少 20cm）。

（4）标准性原则：设计的大包围组件要符合国家有关规定。

（5）观赏性原则：设计的大包围组件要美观大方，符合消费者审美需求。

（6）制作材料多样化：大包围在制作时，使用的材料主要是塑料、金属。塑料中以玻璃钢材料为最多，有的采用新型碳纤维材料和铝碳合金复合的制作方式以及蜂巢式铸造工艺相互配合制成。还有的采用铝合金、不锈钢等材质制作，各有其特性。

四、扰流板

（一）扰流板的功能与作用

扰流板是车尾上方安装的附加板，也称为汽车尾翼。汽车扰流板具有如下作用。

（1）减少车辆尾部的升力。

（2）轮胎抓地力更强。

（3）节省燃油。

（4）美化车身。

（二）扰流板的材质

（1）原厂生产的玻璃钢材质的扰流板，相对比较贴合车身的线条。

（2）铝合金的扰流板，给人感觉比较夸张，但导流效果不错，而且价格适中，不过重量要比其他材质的扰流板稍重些。

（3）最好的扰流板材质——碳纤维的扰流板，是高刚性和高耐久性的完美结合，并广泛被 F1 赛车采用，F1 赛车上扰流板的空间位置有些是可以调校的，调校方式分为手动和自动两种（图 6-32）。

五、大包围装饰的安装施工

（一）大包围装饰件的选择

1. 车型选择

目前装饰生产厂家生产的大包围总成件，基本上都是以特定

图 6-32　碳纤维扰流板

的车型为准而设计制作的，根据材质和工艺可分为标准型、豪华型。在为车型配套时，还要考虑车身的颜色。

2. 选择的标准

车身大包围装饰件主要达到装饰后好看、协调、总体平衡协调、外观美观大方、前后包围和侧包围融为一体。但给自己的爱车选择合适的包围，要注意以下几点。

（1）韧性要好，有抗扭的能力。汽车行驶在崎岖不平的路面时会出现颠簸，或者与周围物体发生轻微擦碰，大包围材料的这种性质可以发挥作用，如果材料的韧性较差、很脆，则可能在轻微刮碰时使大包围出现严重损坏，如果是金属大包围也可能因韧性不足出现表面凹陷，影响美观。

（2）耐热不变形。由于汽车前包围离发动机较近，在汽车行驶较长距离时，由发动机做功所产生的多余热量会通过周围物体散热，并且温度比较高，如果材料耐热性不够，不仅会大大降低产品的使用寿命而且美观效果也会受到很大影响。

（3）表面要平滑、重量要轻。表面平滑可以增加视觉效果，在合理安装的条件下，汽车重量越轻它的油耗就越低，可以很大程度为车主节约成本。

（4）与车身密合度要高。这样可以使车子与饰件的整体性更加明显。

（二）大包围的安装

大包围由前包围、侧包围和后包围组成。

1. 安装前包围

（1）将安装前包围的部位进行擦拭，将油污、污垢等去除，使装饰部位达到清洁、干燥，做好安装准备。

（2）准备好安装工具和材料。常用的安装工具有手电钻、锤子、旋具、活扳手、钳子等。准备好大包围总成的各种零件，按安装说明书要求做好相应准备。

（3）按前包围安装位置的要求，在车的前端钻好安装孔，并去掉孔边周围的毛刺。

（4）将前包围从保险杠下部插入，对准安装孔，用螺钉从侧面固定拧紧。

前包围零件如图 6-33 所示。前包围零件安装后的状态如图 6-34 所示。

测试前后包围的强度。由两人各持一端向相反方向用力使其产生形变，然后再

图 6-33　车身前包围零件

松开，看其是否能恢复原来状态，如此时前后唇产生了明显的变

图 6-34　安装前包围零件

形，则说明其强度不够。安装灯眉，把灯眉粘贴在前大灯的上部。为了保护原车涂面，在原前后保险杠的边缘粘贴皱纹纸。将后唇放到车上对应位置。用角向磨光机和砂纸反复打磨修整后唇，使其和原车的后保险杠紧密配合。在后唇内部涂抹胶水。把后唇粘在后保险杠外面，并用皱纹纸粘贴固定。在后唇内侧钻孔，并用螺钉固定。在螺钉上涂抹调好的同颜色涂料。如果后唇上有灯具，则连接灯具导线。按照相同方法安装前唇、安装裙边（粘接）。

安装扰流板（在行李箱盖上打孔安装）。

2. 安装侧包围

侧包围分左、右两部分，安装方法相同。

（1）清洗安装部位，准备好安装用的工具和材料，做好安装前的一切准备工作。

（2）按安装要求，钻好安装孔。把车门打开，将左侧围的包围件放在安装位置，钻好安装孔，并用螺钉固定好。左侧围包围件安装后的状态，如图6-35所示。

图6-35　安装左侧围包围件

右侧围包围件，其安装方法同左侧围的相同。对此车而言，左右侧围是对称的，包围件也是对称的。安装右侧围包围件后的状态如图6-36所示。

图 6-36　安装右侧围包围件

（三）安装注意事项

安装大包围时，需要注意以下几点。

（1）汽车是否加装大包围，要根据使用的实际情况来决定，只有在较为平坦良好的道路上行驶的车辆才能加装大包围。

（2）加装大包围根据产品档次不同其价位也有较大差异。因此在加装前，一定详细了解，以便做出选择。

（3）应选用高质量的产品，因为高质量的玻璃钢包围，无论是坚固程度还是表面光洁度都远远强于一般产品。

（4）尽可能不要选用那种需要拆掉原车保险杠才能安装的大包围，因为玻璃钢的抗撞击能力比较差，所以，选用将原保险杠包裹在其中的大包围就不会影响车辆的牢固性。如果一定要选用拆杠包围，可设法将原保险杠中的缓冲区移植到玻璃钢包围中，以起到适当的保护作用。

小贴士：

个性化的爱车百变改装指南

近几年国内汽车市场的飞速发展，刺激并带动了汽车改装市场，改装逐渐成为一种时尚。人们不仅仅满足于拥有自己的车，而且希望通过汽车秀出自我风格。在这个越来越强调彰显个性的年代，汽车除了代步工具的作用之外，也渐渐像人们身上的衣服一样成为表明车主个性的一个标签。相同的汽车经过不同车主不一样的装饰和改装，不管是在外观还是性能上都摆脱了"千篇一律"的模式，变得"千姿百态"。

很多车主朋友认为，汽车改装更多代表了一种积极、健康的用车观和生活观。如果你是喜欢车的人，如果你想让自己的爱车变得与众不同、变得更酷或是更可爱，那么花些心思和时间来改装一下自己的车，绝对是个不错的选择。

对一辆汽车的改装可以分成几个部分，包括车辆外形改装、动力系统改装、灯光改装、轮胎改装以及汽车内饰和外观的改变等。而对于家用车的改装而言，并不需要像专业运动赛车那样以追求较高水准的动力性能为主要目标，按照自己的喜好和意愿去改，并根据实际的需求去改装。

汽车改装方兴未艾，还有很多不完善的地方，特别是一些不正确的动力改装会带来诸如发动机过热、爆缸等问题。

1. 大变——提升动力性能

（1）改装动力系统

对于速度的渴求是不少年轻有车族所追求的目标。想使车辆在速度方面有所提升，就要对汽车的动力系统加以改装，包括进气系统、排气系统、点火系统以及燃油系统等多个方面，具体的方法包括更换空气滤清器、改变排气管口径、更换性能好的火花塞和点火线圈等。

（2）改装进排气系统

更换高效率、高流量的空气滤清器可以降低空气滤清器的进气阻力，增加气缸的进气流量和含氧量，使空气与燃油更好地混合，燃油燃烧更充分。驾驶者可以明显感到油门更灵敏，发动机转速提升更快。市场上常见的品牌有K&N、BMC等。排气管改装大多是从中段和尾段做起，常见方法有加粗管径、缩小消音器等。中段管径的增加建议比原厂扩大 10% 到 15% 为最佳。

（3）改装点火线圈

点火线圈改装是提升车辆动力性能的重要环节，点火线圈的过电量和通过电流的稳定性直接关系到发动机的工作状况。通常车辆行驶 3 万公里后就应更换点火线圈，更换点火线圈时可选择比原车品质更好一些的点火线圈。一般原厂点火线圈为了控制电磁干扰而使用电阻值较高的包覆材料，对传输效率造成一定影响，损耗更多电流。硅树脂等高质材料包覆的点火线圈可以改善电阻，降低电流损耗。市面上质量较好的点火线圈套装价格在几百元到上千元不等。

2. 中变——打造完美外观

（1）改装汽车外观

车身改装主要是通过对车身外形的改变以达到美化爱车以及提升车辆性能的作用。目前比较流行的改装方式包括加装"大包围"、尾翼、调低车身等。

（2）安装大包围

大包围可改善气流对车身稳定性的影响，但目前国内市场上的大包围大多不具备这种功能，装饰性大过实用性，主要是为美观而设计。加装大包围是用螺钉或者铆钉将其固定在车身上，几乎没有任何损坏，而且随时可拆卸。由于产品档次不同，市面上常见的大包围价格也不一样，从几百元到三四千元不等。

（3）安装尾翼

尾翼一般分单层和双层两种，还可分为手动调校和液压自动调校，液压自动调校型可根据车速自动调整角度，但液压自动调校型的价格偏贵，不如手动型操作方便。尾翼不仅有装饰车身的作用，还能够有效改善行车稳定性，减少车辆在高速行驶时的空气阻力并节省燃料。一般市场价格为一两百元到上千元。

3. 小变——擦亮爱车眼睛

（1）改装灯光系统

车灯就如同汽车的眼睛一般，或机灵俏皮或是端庄大气的车灯体现出不一样的风格。经过改装的车灯同样可以显示出车主不同的气质和品位，看上去漂亮又别有一番趣味。

（2）装氙气大灯

氙气大灯的色温高、穿透力强，可提高车大灯亮度和增强夜间、雨天、雾天行车安全。市场上常见的蓝、白色灯光的氙气灯在会车时会让对方驾驶员感到眩晕，不够人性化。专家建议消费者选择全黄光氙气灯，因为它发出的金黄色的光线不像蓝、白色的氙气灯那般刺眼，而且在雨雪天等恶劣天气下的照明效果也更好。

（3）换尾灯

汽车尾灯的型号众多，市场上的尾灯一般多为畅销车型尾灯，价格约在 300 元到 1000 元不等。汽车尾灯的改装很简单，首先到正规商店根据车型、车身颜色购买汽车尾灯，买好后卸下旧灯，把新灯安好，拧紧螺钉即可。

目前市场上车灯质量参差不齐，建议消费者到专卖店购买。

4. 不变——营造温馨氛围

（1）饰品点缀爱车

如果你不想对爱车"动手动脚"，希望它依然保持朴实纯真的原有风貌，经过简单处理依然可以达到让爱车"变脸"的效果。方法也非常简单，就是添置一些实用而美观的汽车饰品，让车内生动起来，小小的一件东西，就能让你的爱车变得个性十足，实现精彩变身。

（2）车内吊饰

这类产品中有不少世界著名品牌，如史努比、芝麻街、维尼熊、KITTY 等，活泼可爱的造型在装扮爱车的同时体现了车主的情趣，但千万注意别让这些可爱的小玩意儿阻碍了行车视线。

（3）车用硬币盒

小盒子可以放在前挡风玻璃下面，把零钱放在里面，等到在停车场交停车费时非常方便，随手就可以拿出钱。

（4）便携式烟缸

造型可爱，具有活性炭过滤层来吸收和过滤烟雾，同时还有翻盖功能，不必担心烟头和烟灰在行车途中因烟缸打翻而掉出弄脏车内环境。前后座的人都可以使用。

（5）纸巾盒

可以夹在遮阳板上的纸巾盒使用时非常方便，将遮阳板扳下来就可以取到纸巾，不用时扳回即可。皮革的质地高贵大方，简洁大气。每盒能够放 200 抽纸巾。

参 考 文 献

[1] 杨智勇，惠怀策. 汽车美容装饰入门与技巧. 北京：化学工业出版社，2017.

[2] 陈安全，王鹤隆. 汽车美容实用教程. 北京：机械工业出版社，2012.

[3] 冯培林. 汽车美容装饰入门与操作技巧. 北京：化学工业出版社，2018.

[4] 李昌凤. 汽车美容与装饰完全图解（全彩版）. 第 2 版. 北京：机械工业出版社，2018.

[5] 李朝东，刘军. 汽车美容与装饰. 重庆：西南师范大学出版社，2017.

[6] 杨英，陈莹莹. 汽车美容与装饰. 北京：中国财富出版社，2011.

[7] 魏金营，杨光明. 汽车美容一本通. 合肥：安徽科学技术出版社，2011.